基于全球供应链的国际贸易理论研究
——以钢铁贸易为例

Jiyu Quanqiu Gongyinglian De Guojimaoyi Lilun Yanjiu
Yi Gangtie Maoyi Weili

彭 徽 著

中国社会科学出版社

图书在版编目（CIP）数据

基于全球供应链的国际贸易理论研究：以钢铁贸易为例/彭徽著．—北京：中国社会科学出版社，2015.5

ISBN 978－7－5161－6123－4

Ⅰ.①基…　Ⅱ.①彭…　Ⅲ.①国际贸易理论—研究　Ⅳ.①F740

中国版本图书馆CIP数据核字(2015)第099803号

出 版 人　赵剑英
责任编辑　卢小生
特约编辑　林　木
责任校对　周晓东
责任印制　李寡寡

出　　版　中国社会科学出版社
社　　址　北京鼓楼西大街甲158号
邮　　编　100720
网　　址　http：//www.csspw.cn
发 行 部　010－84083685
门 市 部　010－84029450
经　　销　新华书店及其他书店

印刷装订　北京市大兴区新魏印刷厂
版　　次　2015年5月第1版
印　　次　2015年5月第1次印刷

开　　本　710×1000　1/16
印　　张　11.75
插　　页　2
字　　数　203千字
定　　价　39.00元

前　言

国际贸易使世界上不同国家的人群之间形成一种相互依赖的关系，即国际分工。一方面，随着世界各国间国际经贸合作的广泛开展和双边、多边贸易体制的不断完善，经济全球化程度不断加深；另一方面，随着生产复杂化和生产精细度的提高，生产模块化发展迅速。这两方面变化，共同导致国际分工由产业间分工和产业内分工转向产品内分工。

在微观层面，越来越多的企业参与产品内国际分工，各国企业凭借各自竞争力，进入产品生产过程的不同工序和环节，并在相互间建立战略伙伴关系，由供应链协作生产取代企业独立生产的生产方式，形成产品的全球供应链。而当全球供应链中的物质流跨越国界时，全球供应链贸易应运而生。

全球供应链贸易不同于通常的国际贸易，主要体现在参与主体、参与条件和参与客体的不同。而国际贸易理论，作为解释国际贸易现象，并揭示国际贸易发展规律的研究，能否解释新的贸易现象，是否具有局限性，都值得深思。因此，基于全球供应链贸易的现象，进行国际贸易理论的探索，并给出相应的国际贸易政策建议，具有一定的理论价值和现实意义。

首先，本书在经济全球化和产品内分工背景下，界定全球供应链贸易的概念和特点，并指出钢铁贸易属于全球供应链贸易。

其次，结合钢铁的全球供应链贸易，分析经典贸易理论，在全球供应链视角下的理论局限，并从产品内分工、要素跨国流动、供应链出口和交易成本变化四个方面，揭示国际贸易理论局限的成因。

再次，基于全球供应链的视角，依据国际贸易理论的分析框架，提出基于全球供应链的国际贸易理论及其模型，并以钢铁贸易为例，进行实证检验；更进一步指出，生产力全球布局是全球供应链贸易的原因，而全球供应链贸易是生产力全球布局的结果。

最后，对全球供应链贸易理论和钢铁的全球供应链贸易加以总结，并提出相应的对策建议。

本书主要开展四方面的研究工作：（1）揭示主流国际贸易理论的局限及其成因。主流国际贸易理论的局限性已被学界普遍认识到。而本书以钢铁的全球供应链贸易为例，揭示在全球供应链贸易研究视角中，主流国际贸易理论的局限及其成因。（2）构建基于全球供应链的国际贸易理论及其理论模型。基于贸易动因、贸易结构和贸易结果三个基本问题，构建国际贸易理论的分析框架，并提出基于全球供应链的国际贸易理论及其理论模型。（3）运用投入产出分析法，计算中间品贸易的数量。基于海关HS和SITC数据，通过分类整理，估计1987—1995年的投入产出数据，再结合1997年至今的投入产出表，计算中间品贸易的数量。（4）提出应对全球生产力布局，发展全球供应链贸易的思路。基于钢铁产业全球生产力布局的演变，揭示其对全球供应链贸易的影响，并提出应对全球生产力布局，发展全球供应链贸易的思路。

本书的研究对象为国际贸易理论，研究前提是产品内分工和生产力全球布局背景下的全球供应链贸易，研究目的在于揭示新贸易现象所导致的国际贸易理论的局限及其原因，并发展国际贸易理论。

本书的出版得到辽宁省教育厅科学研究项目（W2014042）的资助。特此致谢！

目录

第一章 绪论

第一节 选题背景

一 理论背景

国际贸易是人类进入以国家为主体的社会形态以后出现的经济交往活动。这种经济交往活动使世界不同国家的人群之间形成一种相互依赖的关系。国际贸易学的研究对象是特定条件下的资源配置过程，以及这个过程按照一定的模式加以运行的机制。国际贸易理论要对国际贸易的原因、结构和结果给予明确的答案。①

随着经济理论和实践的不断发展，自亚当·斯密（Adam Smith）第一次系统提出国际贸易理论，至今已有二百多年的历史。②③④⑤ 国际贸易理论经历了五个发展阶段⑥，分别是以亚当·斯密和大卫·李嘉图（David Ricardo）为代表的古典贸易理论、以赫克歇尔和俄林（Heckscher and Bertil Ohlin）为代表的新古典贸易理论、以保罗·克鲁格曼（Paul Krugman）为代表的新贸易理论、以杨小凯为代表的新兴古典贸易理论和以梅利茨（M. J. Melitz）为代表的新新贸易理论。

古典贸易理论的代表性理论是绝对优势理论和比较优势理论。1776

---

① 佟家栋、周申：《国际贸易学——理论与政策》，高等教育出版社 2007 年版。

② 丹尼斯·阿普尔亚德、艾尔佛雷德·菲尔德：《国际经济学》，机械工业出版社 2000 年版。

③ 萨尔瓦多：《国际经济学》，杨冰译，清华大学出版社 2011 年版，第 38—41 页。

④ 托马斯·A. 普格尔、彼得·H. 林德特：《国际经济学》，经济科学出版社 2001 年版。

⑤ 吴易风：《英国古典经济理论》，商务印书馆 1988 年版。

⑥ 产品内贸易理论未提出新的贸易动因，本书视为一种理论补充。

年，亚当·斯密在《国民财富的性质和原因的研究》中提出绝对优势理论[①]，认为每个国家都应当生产自己占绝对优势的产品并与其他国家所生产的具有绝对优势的产品进行交换。1817 年，李嘉图在《政治经济和税赋税原理》中提出比较优势理论[②]，认为在任何产品上均有优势的一国专门生产其相对优势最大的产品，而另一国生产相对劣势较小的产品。比较优势学说的问世标志着国际贸易理论体系的建立，保罗·萨缪尔森（Paul Samuelson）称该理论为“国际贸易不可动摇的基础”。古典贸易理论的“古典”之处在于其分析模型是古典模型，即完全竞争市场和规模报酬不变。

新古典贸易理论的代表性理论是要素禀赋理论。1933 年，师承赫克歇尔的俄林（Ohlin）在 *Interregional and International Trade* 中提出要素禀赋理论[③]，提出如两国要素存量的比率不同，即使两国资本、劳动力的劳动生产率完全相同，也会产生贸易。他认为国际贸易以要素丰裕度不同为基础，各国都应生产其要素相对充裕的产品并出口，进口其要素相对稀缺的产品，同时还隐约提出了要素价格均等化思想，使分配问题首次受到关注。1941 年，萨缪尔森实证了生产要素价格均等化理论。[④] 新古典理论特征在于，一方面还是分析完全竞争市场，继承“古典”之风，沿用古典模型；另一方面，“新”在该理论的研究角度从交换转移成生产，即解释外生技术差距的原因。

1977 年，迪克西特和斯蒂格利茨（Dixit and Stiglitz）联名发表的 *Monopolistic Competition and Optimum Product Diversity* 是新贸易理论的基石。他们认为[⑤]，即使两国的初始条件完全相同，没有李嘉图所说的外生比较优势，但如果存在规模经济，两国同样可以选择不同的专业进行分工，开展贸易。市场结构是规模经济的中心问题，基于外部规模经济、内部规模

---

① Smith Adam, *An Inquiry into the Nature and Causes of the Wealth of Nations*, Chicago: University of Chicago Press, 1776, pp. 365 – 377.

② Ricardo David, *The Principle of Political Economy and Taxation*, London: Gaernsey Press, 1817, pp. 173 – 198.

③ Ohlin, Bertil G., *Interregional and International Trade*, Cambredge: Harvard University Press, 1933, pp. 243 – 269.

④ Samuelson, Paul A., “International Tade and the Equalization of Factor prices”, *Economic Journal*, Vol. 230, No. 58, 1948.

⑤ Dixit, A. and Stiglitz, J., “Monopolistic Competition and Optimum Product Diversity”, *American Economic Review*, Vol. 67, No. 5, 1977.

经济和古诺双头垄断三种不同的市场形态，形成引发贸易的不同原因，构成新贸易理论的三个主要方向。保罗·萨缪尔森在三个方向都有深入研究，是新贸易理论的代表人物。他认为，外部规模经济产生于共同生产要素的相互使用；构建 PP—ZZ 模型分析源于内部规模经济的贸易；与布兰德（Brander）共同提出相互倾销模型，解释古诺垄断导致的国际贸易。新贸易理论之“新”在于，其理论突破了传统理论中完全竞争与规模报酬不变的假设，建立在不完全竞争与规模经济等全新的假设之上。

新兴古典贸易理论的代表性理论是内生性贸易理论。1992 年，杨小凯在《分工和产品多样化》中①，放弃了 DS 模型的分析框架，采用超边际分析法，引入消费者与生产者合一且有交易费用的分析框架，基于专业化与交易费用的讨论，建立内生性贸易理论。他认为，随着交易效率的不断改进，劳动分工会发展，内生比较利益会随着分工的发展不断被创造和增进，而经济发展、贸易和市场结构变化现象都是这个演进过程的不同侧面。杨小凯认为，上述逻辑也是斯密关于不同专业之间生产率差别是分工的结果而不是分工的原因观点的正式表述。由些可知，一方面内生性贸易理论的观点继承了斯密的古典思想，另一方面该理论引入超边际分析的新工具，故此称为新兴古典贸易理论。

新新贸易理论的提出，构建了国际贸易理论的微观基础，其中的代表性理论是异质性企业贸易理论（Heterogeneous - Firms Trade）。2002 年 M. J. 梅利茨在 *The Impact of Trade on Intra - industry Reallocations and Aggregate Industry Productivity* 中指出②，企业生产率差异是企业异质性的主要体现，将企业异质性引入不完全竞争市场结构，认为企业的异质性是企业选择是否参与国际贸易的决定因素，并证实国际贸易会产生再分配效应（行业平均生产率提升）和自选择效应（企业优胜劣汰）。另外，安特拉斯（Antras）也探讨了企业的异质性如何影响企业边界，进而影响企业内部一体化和外部一体化战略的实施。③ 由此可知，新新贸易理论比新贸易

① 杨小凯、张永生：《新贸易理论、比较利益理论及其经验研究的新成果：文献综述》，《经济学》2001 年第 1 期。

② Melitz, M. J., “The Impact of Trade on Intra - Industry Reallocations and Aggregate Industry Productivity”, *Econometrica*, Vol. 71, No. 6, 2003.

③ Antras, P., “Firms, Contracts and Trade Structure”, *The Quarterly Journal of Economics*, No. 11, 2003, pp. 1375 - 1418.

理论之“新”体现于：该理论在不完全竞争与规模经济的假设之上，又引入企业异质性。企业异质性已成为现阶段国际贸易理论研究的热点。

二 现实背景

钢铁材料是人类经济建设和日常生活中所使用的最重要的结构材料和产量最大的功能材料，是人类社会进步所依赖的重要物质基础。钢铁工业是为机械制造和金属加工、燃料动力、化学工业、建筑业、宇航和军工，以及交通运输业、农业等部门提供原材料和钢铁产品的重要的基础工业。在世界上，不论是工业发达国家还是发展中国家，都非常重视发展钢铁工业，因为它是国家工业化的支柱。没有强大的钢铁工业，要实现工业化的社会是困难的。因此，在一个相当长的历史时期，钢铁工业发展程度如何，是衡量一个国家工业化水平高低的重要标志之一。

在中国，钢铁产业在国民经济中的重要地位随着经济的不断发展而提升。钢铁工业是国民经济重要的基础原材料产业。改革开放以来，我国钢铁工业取得了长足发展，为国民经济持续、稳定、健康发展做出了重要贡献。1996 年，中国粗钢产量突破 1 亿吨，之后继续增长，1997—2000 年粗钢产量每年平均增长 6.1%。这 4 年的增长率虽不高，但在超亿吨高基数上增长的绝对量很大。在 1953—1978 年的 26 年间，粗钢产量从 135 万吨增加到 3100 万吨，平均每年增长 12.9%，每年增加粗钢 117 万吨。从 1978 年改革开放到钢产量达到 1 亿吨的 18 年间，平均每年增长幅度缩小到 6.6%，每年增加的粗钢产量增大到 380 万吨。从粗钢产量超过 1 亿吨到 2000 年的 1.28 亿吨，年均增长幅度进一步缩小到 6.1%，但每年增加的粗钢产量却增大到 680 万吨。

2000 年以后，中国钢铁产量增幅惊人。2001 年，粗钢增加量 2200 万吨，超过当年粗钢产量排世界第 11 位的法国全年总产量。2002—2004 年各年分别增加粗钢产量 3100 万吨、4000 万吨、5000 万吨，依次超过当年第 8 名巴西、第 7 名乌克兰、第 5 名韩国的全年总产量。2005 年粗钢增加量 8300 万吨，超过第 4 名俄罗斯的全年总产量。2006 年超 4.2 亿吨，钢铁产量超过除中国以外世界钢铁产量前五位的日、美、俄、印、韩五国钢铁产量总和，占世界钢铁总产量的 30%。2007—2009 年，粗钢产量分别为 4.8 亿吨、5.1 亿吨和 5.7 亿吨，稳居全球第一产钢大国地位。至 2013 年，生产粗钢近 7.8 亿吨，占全球 48.5%，如图 1－1 所示，中国已是世界钢铁生产中心。

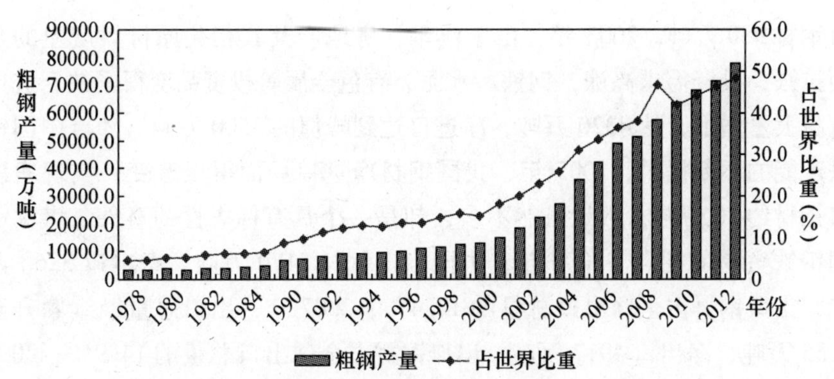

图 1-1 1978—2013 年中国粗钢产量和产量占世界比重

在钢材产量大幅提升的同时，中国钢铁贸易快速增长。从 2000 年开始，中国钢材进出口贸易量也迅速增长，全年出口钢材 1115 万吨、进口 2090 万吨，贸易总量达到 3205 万吨，而全球钢材贸易总额为 6.04 亿吨（进口和出口），中国钢材进出口贸易总额占全球 5.3% 的份额。2001—2003 年，钢材贸易持续扩大，钢材贸易总量达到 5140 万吨，钢材进出口总额占全球比重稳步上升，三年分别为 5.5%、5.7% 和 7.7%，进入世界钢铁贸易大国的行列。2004 年，钢材贸易总量占全球比重稍有下降，为 7.3%，但贸易总量仍然保持上升的势头，实现 5330 万吨。2005—2007 年，中国钢材贸易进入快速扩张期，贸易总量连年大幅提升，分别为 5470 万吨、7080 万吨和 8350 万吨，贸易总量占全球比重也是一路攀升，从 7.4% 上升到 8.5%，直至峰值的 9.4%。2008—2009 年，随着全球金融危机的到来，国外需求疲软，贸易保护主义抬头，中国钢材贸易总量下滑至 4630 万吨，尚不及 2003 年的水平，钢材贸易占全球比重滑落至 7.1%。2010 年，全球经济出现复苏，中国钢材贸易总量回升至 5890 万吨，占全球贸易总量的 7.6%。至 2012 年，中国钢材贸易总量达 6894 万吨，占全球贸易比重的 8.4%。可见，中国钢材贸易总量占全球比重基本维持在 7% 以上，中国已成为名副其实的钢铁贸易大国。

同时，中国钢材出口量不断上升，逐渐从钢材净进口国转变为钢材净出口国。新中国成立以来，中国一直是钢材净进口国（1962 年和 1963 年为净出口），就在 1996 年中国成为世界第一产钢大国的当年，中国净进口钢材 1176 万吨。2000 年以来，中国净进口钢材数量逐渐上升，当年净进口钢材 980 万吨。2003 年，由于汽车、房地产及其相关原材料产业的全面扩张，投资需求高涨，钢铁、水泥、有色金属等投资品变得紧缺，进口钢材大量增加，达 4320 万吨，净进口达到峰值的 3500 万吨。随着中国钢铁产能的不断提升，2005 年，我国钢材净进口局面得以改变，实现净出口钢材约 10 万吨，数量虽然不多，却是一个具有标志性的事件，堪称中国钢铁贸易的拐点。2006 年，中国出口钢材 5170 万吨，净出口 3260 万吨，出口钢材占全球出口总量的 12.4%；2007 年，出口总量继续攀升至 6635 万吨，净出口 4917 万吨，出口钢材占全球出口总量的 14.9%；2008 年，出口总量虽有所回落，但仍出口钢材 5630 万吨，净出口 4068 万吨，占全球出口总量的 12.9%，中国正逐步迈入钢铁出口大国的行列。2009 年，受制于金融危机，钢材出口困难重重，全年净出口钢材只有 161 万吨，但出口总量仍占全球 7.3%，是全球钢材第四大出口国。2010 年，钢材出口回暖，共出口钢材 4164 万吨，净出口 2446 万吨，出口总量占全球的 10.7%，中国成为仅次于日本的第二大出口国。2011 年，中国出口钢材 4789 万吨，占全球出口份额的 11.6%，超过日本，成为第一大出口国。2012 年，中国出口 5479 万吨，占全球出口份额的 13.3%，净出口额增至 4063 万吨。至 2013 年上半年，中国已经出口钢材 3069 万吨，超过 2012 年出口量的一半。可见，中国钢材出口总量占全球的比重不断提高，尤其近年都保持在 10% 以上，跻身全球钢铁出口大国行列，如图 1-2 所示。

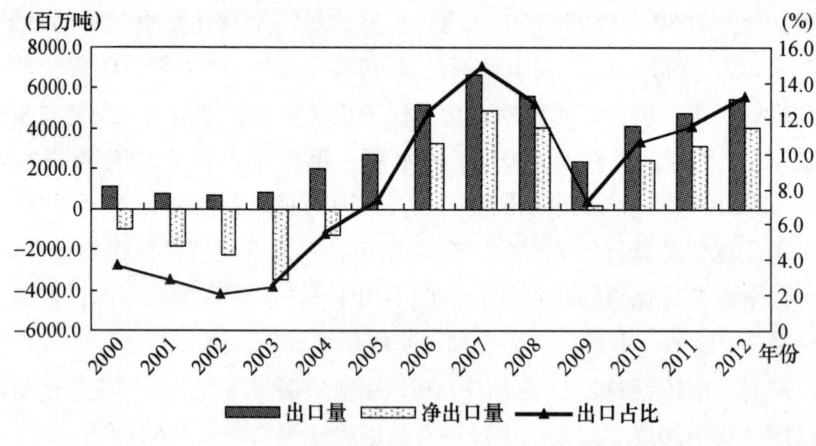

图 1-2 2000—2012 年钢材出口量、净出口量和全球出口份额

第二节　问题的提出与界定

一　问题的提出

一方面，纵观国际贸易理论，该理论体系已经发展二百余年，共产生五个不同阶段的理论，从不同角度解释国际贸易产生原因、贸易结构和贸易结果；另一方面，环视中国钢铁产业现状，中国已是当之无愧的全球钢铁生产大国和贸易大国。理论联系实际，尝试运用主流国际贸易理论解释典型的中国钢铁贸易，不仅有助于在新的经济形势下，检验并推进国际贸易理论；而且也有助于理论指导实践，为进一步提升中国钢铁贸易竞争力指明方向。

古典贸易理论、新古典贸易理论和新贸易理论是国际贸易的核心理论，下面仅以此三个理论为例，尝试分析中国成为钢铁贸易大国的原因。

（一）古典贸易理论

根据比较优势理论，具有生产粗钢的比较成本优势的一国，应专门生产粗钢并出口，进口该国具有比较劣势的另一种产品，该理论解释的是产业间贸易。而现实是，粗钢的生产大致可分为采矿和冶炼两道主要工序，中国不仅出口大量最终产品粗钢，也进口大量原材料铁矿石，即通常说的“两头在外”。可见，中国钢铁贸易，表现为一种产品内部的交换。显然，针对产业间贸易的古典国际贸易理论，无法解释中国成为钢铁贸易大国的现象。

（二）新古典贸易理论

根据要素禀赋理论，钢铁生产要素充裕的国家应专业化生产钢铁，生产要素稀缺的国家应大量进口钢铁。钢铁的生产需要大量铁矿石资源，而中国恰是铁矿石进口大国，缺少铁矿石的国家却发展成为世界钢铁中心，要素禀赋理论难以解释类似中国和日本的钢铁贸易大国的成因。

（三）新贸易理论

新贸易理论指出，即使两国的初始条件完全相同，没有外生比较优势，但如果存在规模经济，两国同样可以选择不同的专业进行分工，开展贸易。而有关数据显示，2006—2012 年，中国粗钢产量由 4.2 亿吨增至 7.1 亿吨，产量占全球的比重也由 33.7% 增至 46.4%，生产规模显著扩张。而中国出口钢材，2006 年为 5170 万吨，2012 年为 5479 万吨，出口量占全球的比重，也仅由 12.4% 增加到 13.3%。可见，新贸易理论强调的商品出口导致生产规模扩张的现象并未出现。因此，基于规模经济的新贸易理论也遇到局限。

综上所述，面临中国钢铁贸易实践，国际贸易理论难以做出令人信服的解释，反倒凸显国际贸易理论的局限。让人不禁思考，横跨 3 个世纪的发展，国际贸易理论的分析框架和演进逻辑是什么？面临新的全球经济形势，国际贸易理论局限的原因是什么？针对理论局限，能否联系新的全球经济形势，提出新的观点，完善五个阶段的国际贸易理论，甚至更大胆的设想，能否构建新的国际贸易理论，推动国际贸易理论的演进。

二　问题的界定

基于全球供应链的国际贸易，或称为全球供应链贸易，是经济全球化下的新事物，国际贸易理论的研究也已历经二百余年，显然，无论是全球供应链贸易，还是国际贸易理论理论，都涉及大量有待深入研究的问题。因此，明晰研究边界，确定研究问题是必要的。

本书是基于全球供应链的国际贸易理论研究，而全球供应链贸易，是一种新的贸易形式。它形成的背景在于，全球经济一体化下，众多单独生产的企业，为降低生产成本，提高资源配置效率，而组成跨国供应链。因此，全球供应链贸易，是供应链内半成品和成品流动的表现，是企业战略全球化以及生产力全球布局的结果。但是，本书视全球供应链贸易为既定的贸易新现象，研究目的在于通过新现象揭示国际贸易理论的局限。而全球供应链贸易的影响因素、发展现状和未来趋势，并未在本书的研究范畴之内。

而国际贸易理论，作为历经二百余年的成熟理论，大致形成五个阶段的国际贸易理论：古典贸易理论、新古典贸易理论、新贸易理论、新兴古典贸易理论和新新贸易理论。本书在接受主流国际贸易理论的前提下，尝试通过新的贸易现象，揭示主流国际贸易理论的局限，并发展国际贸易理论。因此，主流国际贸易理论的形成背景、形成原因和分析结果，也并未在本书的研究范畴之中。

因此，本书的研究对象为国际贸易理论，研究前提是产品内分工和生产力全球布局背景下的全球供应链贸易，研究目的在于揭示新贸易现象所导致的国际贸易理论的局限及其原因，并发展国际贸易理论。

第三节 研究意义和研究方法

一 研究意义

(一) 理论意义

本书的理论意义体现为以下三点：

第一，本书尝试基于贸易动因、贸易结构和贸易结果，构建国际贸易理论分析框架，并揭示国际贸易理论演进的逻辑，即核心假设随着实践发展而不断放宽，导致理论的发展。实质上是影响贸易的边界条件在不断扩展的过程。

各个国家参与国际贸易的原因不言自明：参与国际贸易能够获得利益，而且贸易之所以发生，参与双方必然是同时获益的。但是，贸易利益的产生途径各不相同，这一途径视为国际贸易产生的原因。总的来说，国际贸易理论所要回答的基本问题有国际贸易产生的原因、国际贸易的结构(包括商品结构和市场结构）和国际贸易的结果三个。在全球化势不可当的今天，基于贸易动因、贸易结构和贸易结果三个基本问题，认识国际贸易理论发展的内在逻辑和未来的趋势，有助于更加清晰地理解理论，有助于更加准确地分析现实问题，并对我国相关政策的制定有所帮助。

第二，随着经济全球化和制造复杂化，全球供应链成为新的生产方式和贸易方式。全球供应链视角下，供应链协作生产取代企业独立生产，产品内分工取代产业间分工和产业内分工。国际贸易理论能否解释新的经济现象，是否具有局限性，这都值得深思。

全球供应链是伴随国际贸易快速发展，经济全球化和供应链生产而出现的新现象，必然对国际贸易产生很大的影响。目前，国际学术界对全球供应链出现后的新现象的研究还在发展之中，许多问题还有待涉及和进一步深化。笔者基于全球供应链的视角，分析国际贸易理论的局限性，并尝试在新视角下，解释现实问题。这一研究，有助于系统梳理全球供应链和国际贸易之间的内在联系，从而从整体上把握这一现象的历史和理论意义。

第三，基于经典国际贸易理论，提出基于全球供应链贸易的国际贸易理论，构建理论模型，解释现实问题。该研究具有较重要的理论意义和学术价值。

自亚当·斯密开始，经济学家就一直在发展和完善着国际贸易理论。各种国际贸易理论不断产生，但至今还没有哪一种学说能够完全代替其他学说而将国际贸易的各个方面进行统一解释，并对实践提供相对明确的指导。经济学家开始考虑，如何处理各种贸易理论之间的关系。一种想法是，将各种贸易理论综合起来，构造一个包含多种解释变量的更加一般化的贸易模型。但是，其困难可想而知，至今未有任何突破性进展。另一种想法是，不需要对各种贸易理论进行综合，而是将贸易现象划分为不同的类别，用不同工具解释不同类别的贸易现象。笔者依据第一种想法，在新的国际分工背景下，尝试综合多种贸易动因，提出基于全球供应链贸易的国际贸易理论及其模型，解释全球供应链贸易。

（二）实际应用价值

本书的实际应用价值体现为以下三点：

第一，目前，学术界对全球供应链贸易的研究，还有待深入。通过相似概念的比较，本书较深入探讨全球供应链贸易的含义、特点、组织模式和比较优势。这有助于厘清相关概念，并更准确地把握全球供应链贸易。

第二，针对全球供应链贸易这一新的贸易方式，急需制定相应的国际贸易政策。对此，可以依据基于全球供应链的国际贸易理论，针对全球供应链贸易的动因，制定宏观调控政策。

第三，自 1996 年以来，中国产钢超过 1 亿吨，已经逐渐成为世界钢铁中心，兼具生产大国和贸易大国的特征。那么，中国成为钢铁贸易中心所依靠的条件是什么？本书尝试运用基于全球供应链的国际贸易理论，揭示影响钢铁贸易的相关因素，解释中国成为钢铁贸易大国的原因。

二 研究方法

本书主要运用的方法包括理论分析法、比较分析法、模型分析法与实证分析法。

（1）比较分析。为厘清相关概念，本书对比分析供应链、全球供应链和全球供应链贸易等相关概念，辨析二者之间的差异。

（2）理论分析。本书从经典的国际贸易理论入手，联系中国钢铁的全球供应链贸易发展实践，揭示主流国际贸易理论的局限性；并引入全球供应链视角，构建基于全球供应链的国际贸易理论。

（3）模型分析。本书基于全球供应链的国际贸易理论，综合主流国际贸易理论的多种贸易动因，建立基于全球供应链的国际贸易模型，也尝试解释中国成为钢铁贸易大国的原因。

(4) 投入产出分析。运用中国投入产出表，计算直接消耗系数，整理钢铁的中间品贸易数据，为全球供应链贸易的理论模型提供实证支持。

(5) 实证分析。运用图表统计和计量分析，依据中国和世界钢铁贸易的时间序列数据，对基于全球供应链的国际贸易模型进行检验。

总体来看，本书以理论分析方法为主，以比较分析、模型分析与实证分析为辅。在理论分析过程中，综合运用模型分析与实证分析，使本书的研究内容与研究结论更具有说服力。

第四节 研究目的和创新之处

一 研究目的

本书通过对各阶段国际贸易理论的梳理和分析，尝试构建国际贸易理论的分析框架，并以此框架揭示国际贸易理论演进的逻辑。再理论联系实际，结合中国钢铁贸易实践，分析主流国际贸易理论的局限及其原因。

然后，基于经济全球化和产品内分工形势，引入全球供应链贸易概念，综合多种贸易动因，构建基于全球供应链的国际贸易理论及其模型，并结合中国钢铁贸易数据，进行实证检验。更进一步指出，生产力全球布局与全球供应链贸易间的关系。最终，本书不仅能够构建基于全球供应链的国际贸易理论，而且，还能依据新的国际贸易理论，解释中国钢铁贸易的发展，为发展钢铁产业提供理论指导和实证支持。

上述研究的目的可归纳为以下五个目标：

(1) 国际贸易理论的研究历经200多年，理论研究的内容丰富，但学界尚没有一个统一的分析框架来比较国际贸易理论，使得人们难以深层次地把握国际贸易理论。本书尝试依据贸易动因、贸易结构和贸易结果三个基本问题，构建理论的分析框架，并揭示国际贸易理论演进的逻辑。

(2) 产品内分工已成为当今世界的主导，学界对此研究颇丰，但产品内分工作为一种分工方式，其表现出来的是全球供应链的生产方式和贸易方式。本书尝试深入研究基于产品内分工的全球供应链对于国际贸易的影响，并揭示经典国际贸易理论的局限性。

（3）在界定全球供应链贸易的前提下，本书基于全球供应链视角，结合国际贸易理论分析框架，构建基于全球供应链的国际贸易理论及其模型，并结合中国钢铁贸易数据，进行实证检验，揭示影响全球供应链国际贸易的决定因素。

（4）基于钢铁产业全球生产力布局的演变，分析全球供应链贸易和生产力全球布局之间的关系，并揭示生产力全球布局对全球供应链贸易的影响。

（5）中国作为世界钢铁中心，其成因和发展路径都备受关注。本书运用基于全球供应链的国际理论，结合生产力全球布局的趋势，解释中国成为钢铁大国的原因，并指出提升中国钢铁贸易国际竞争力的路径。

二　创新之处

本书始终坚持理论联系实际的思路，注重理论和实践两方面的探讨。一方面，通过中国钢铁贸易的发展实践，揭示主流国际贸易理论存在的问题，揭示国际贸易理论的局限性，构建基于全球供应链的国际贸易理论及其模型；另一方面，运用基于全球供应链的国际贸易理论，结合生产力全球布局的趋势，尝试解释中国成为钢铁贸易大国的原因，寻找提升中国钢铁贸易国际竞争力的途径。

本书的创新性之处体现在以下四个方面：

（1）揭示主流国际贸易理论的局限及其成因。主流国际贸易理论的局限性已被学界普遍认识。而本书以钢铁的全球供应链贸易为例，揭示在全球供应链贸易的研究视角中，主流国际贸易理论的局限及其成因。

（2）构建基于全球供应链的国际贸易理论及其理论模型。本书基于贸易动因、贸易结构和贸易结果三个基本问题，构建国际贸易理论的分析框架，并提出基于全球供应链的国际贸易理论及其理论模型。

（3）运用投入产出分析法，计算中间品贸易的数量。基于海关 HS 和 SITC 数据，通过分类整理，估计 1987—1995 年的投入产出数据，再结合 1997 年至今的投入产出表，计算中间品贸易的数量。

（4）提出应对全球生产力布局，发展全球供应链贸易的思路。基于钢铁产业全球生产力布局的演变，揭示其对全球供应链贸易的影响，并提出应对全球生产力布局，发展全球供应链贸易的思路。

第五节 研究思路和本书结构安排

一 研究思路

首先，在经济全球化和产品内分工的背景下，界定全球供应链贸易的概念和特点，并揭示钢铁贸易属于全球供应链贸易。

其次，结合钢铁的全球供应链贸易，分析包括古典贸易理论、新古典贸易理论、新贸易理论、新兴古典贸易理论和新新贸易理论的经典贸易理论，在全球供应链视角下的理论局限，并从产品内分工、要素跨国流动、供应链出口和交易成本变化四个方面，揭示国际贸易理论局限的成因。

再次，基于全球供应链的视角，依据国际贸易理论的分析框架，提出基于全球供应链的国际贸易理论及其理论模型，并以钢铁贸易为例，进行实证检验；更进一步揭示，生产力全球布局对全球供应链贸易的影响。

最后，对全球供应链贸易理论和钢铁的全球供应链贸易做以总结，并提出相应的对策建议。

本书开展的研究工作所遵循的基本思路，如图 1－3 所示。

二 本书结构安排

全书由九章构成，具体安排如下：

第一章绪论。首先介绍了本书的选题背景、问题的提出和界定、研究意义和研究方法；其次分析本书研究目的和创新之处，并提出研究思路和本书结构安排。

第二章基于全球供应链的国际贸易。本章在全球供应链概念的基础上，指出基于全球供应链的国际贸易的概念，分析全球供应链贸易的含义和特点，并深入探讨全球供应链贸易的比较优势，且引入中国钢铁贸易为例，进行实证分析。实际上，本章是提出了一个国际贸易的新现象，为后续的理论研究，以及实证研究，确定研究对象。

第三章全球供应链视角下国际贸易理论局限。本章首先对经典国际贸易理论的思想进行梳理，并作以简要评价。再引入全球供应链的视角，说明主流国际贸易理论的基础假设受到挑战，理论局限性凸显。通过本章的文献综述工作，进一步深化了研究的意义，明确了主要研究的方向和需要深入研究的问题，为后续章节的研究工作奠定了理论基础。

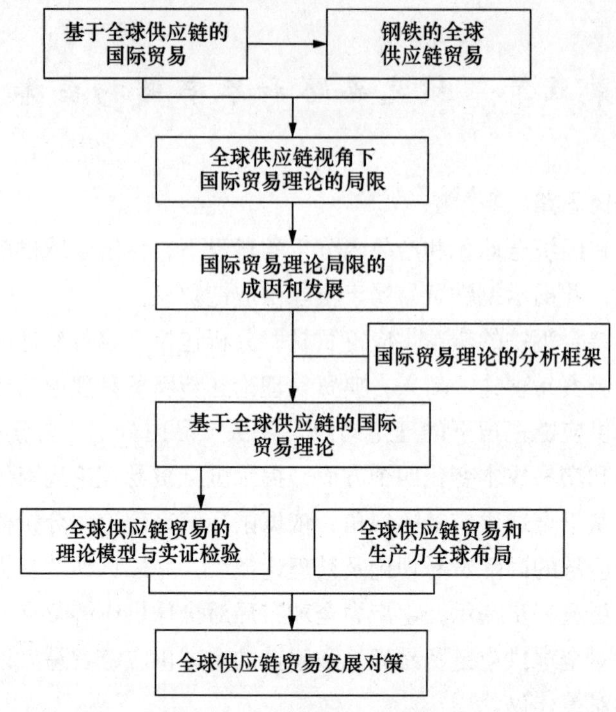

图1-3 本书的研究思路

第四章国际贸易理论局限的成因和发展。本章揭示国际贸易理论局限性的产生原因：产品内分工、要素跨国流动、供应链出口以及交易成本变化，并尝试在全球供应链的视角下，发展国际贸易理论。本章为下一章建立基于全球供应链的国际贸易理论做准备。

第五章基于全球供应链的国际贸易理论。本章基于贸易动因、贸易结构和贸易结果的理论分析框架，提出基于全球供应链的国际贸易理论，并依据新的贸易理论，解释中国钢铁的全球供应链贸易。另外，指出新理论带来的启示和命题。

第六章全球供应链贸易的理论模型与实证检验。基于全球供应链的国际贸易理论，依据各阶段国际贸易理论的贸易动因，寻找解释变量，构建全球供应链贸易的理论模型。然后，引入中国钢铁贸易发展数据，实证检验理论模型。

第七章全球供应链贸易和生产力全球布局。基于钢铁产业全球生产力布局的演变，分析全球供应链贸易和生产力全球布局之间的关系，并揭示生产力全球布局对全球供应链贸易的影响。

第八章全球供应链贸易发展对策。本章基于五个贸易动因，以及全球生产力布局对贸易的影响，提出发展全球供应链贸易的建议，并结合钢铁产业发展现状，提出发展钢铁全球供应链贸易的对策。

第九章结论和后续研究。本章围绕本书的理论成果、对策建议、不足之处以及后续研究四个方面进行阐述。

第二章　基于全球供应链的国际贸易

供应链是产品内分工的产物。管理学大师彼得·德鲁克（Peter Drucker）曾指出，工商业正在发生着最伟大的变革，不是以所有权为基础的企业关系的出现，而是以“供应链伙伴关系”为基础的企业关系的加速增加。[①] 可见，供应链对全球经济的影响与日俱增，那么，在全球经济一体化背景下，其对国际贸易会有何影响呢?

本章在供应链概念的基础上，引出全球供应链的概念，构建基于全球供应链的国际贸易的概念，分析全球供应链贸易的特点，深入探讨基于全球供应链的国际贸易的比较优势，并以中国钢铁贸易为例，加以佐证。

第一节　全球供应链的基本概念

一　供应链的概念

供应链（Supply Chain，SC）是美国战略管理学家迈克尔·波特（Michael Porter）价值链（Value Chain）理论从企业内部向企业外部发展的产物。[②] 1985 年，霍利亨（Houlihan）第一次提出供应链概念，供应链是由供应商、制造商、分销商、零售商、最终顾客等组成的系统，在这个系统内，物质从供应商向最终客户流动，信息流动则是双向的。

早期观点认为[③]，供应链是制造企业中的一个内部过程，指把从企业外部采购的原材料和零部件通过生产转换和销售等活动，再传递到零售商和用户的一个过程。传统的供应链概念局限于企业的内部操作层次上，注

---

① 赵曙明：《企业竞争力已上升为供应链竞争》，《化工管理》2011 年第 8 期。

② 刘刚：《供应链管理：交易费用与决策优化研究》，经济科学出版社 2005 年版，第 1 页。

③ Barney, J. B.，“Strategic Factor Market Expectation”，*Luck and Business Strategy Mangements Science*, No. 32, 1986, pp. 1231 - 1241.

重企业自身的资源利用，实质是企业内部的供应链。显然，这种关系只局限于企业与上游供应商之间，而且供应链中的各企业独立运作，忽略了与外部供应链节点企业之间的联系，容易造成企业目标冲突。

后来，供应链的概念注意了与其他企业的联系①，注意了供应链的外部环境。斯蒂文斯（Stevens）认为，通过增值过程和分销渠道控制从供应商的供应商到用户的流就是供应链，它始于供应的源点，结束于消费的终点。

2006年，修订后的《中华人民共和国国家标准物流术语》将供应链定义为：生产及流通过程中涉及将产品或服务提供给最终客户的上游或下游组织所形成的网络结构。

国内有代表性的观点由华中科技大学马士华教授提出。他认为②，供应链是围绕核心企业，通过对信息流、物流、资金流的控制，从采购原材料开始，制成中间产品以及最终产品，最后由销售网络把产品送到消费者手中的将供应商、制造商、分销商、零售商，直到最终用户连成的一个整体的功能网链结构模式。这一概念范围更广，它包含所有加盟的节点企业，从原材料的供应开始，经过链中的不同企业的制造加工、组装、分销等过程直到最终用户。它不仅是一条连接供应商到用户的物料链、信息链、资金链，而且是一条增值链，物料在供应链上因加工、包装、运输等过程而增加其价值，给链上的节点企业都带来收益。

二 全球供应链的概念

全球供应链（Global Supply Chain，GSC）的概念，目前尚未形成统一的定义，不同学者从不同的角度给出了许多不同的定义，但基本上都认为，全球供应链是供应链在全球化下的跨国延伸，其内涵与供应链一致，只是国际化程度更高，管理更加复杂。

寇亚明（2005）指出③，如果供应链在一国国内建立，所有加盟节点企业都是国内的企业，那么，这条供应链就是国内供应链。如果供应链越过国界，加盟的节点企业属于不同的国家或者位于不同的国家，那么，这条供应链就是跨国供应链或全球供应链。寇亚明强调，所谓全球供应链，

① Zingales, "In search of new foundations", *The Journal of Finance*, Vol. 55, No. 4, 2000.

② 马士华、林勇、陈志祥：《供应链管理》，机械工业出版社2000年版，第14页。

③ 寇亚明：《全球供应链：国际经济合作新格局》，中国经济出版社2005年版，第67—73页。

并非说供应链中的节点企业必须遍布全球，而是链中节点企业可以位于全球的任何一个国家或地区。

钟祖昌和谭秋梅（2007）指出[①]，全球供应链是指在全球范围内组合供应链，它要求以全球化的视野，将供应链系统延伸至整个世界范围，根据企业需要在世界各地选取最有竞争力的合作伙伴。全球供应链管理强调在全面、迅速地了解世界各地消费者需求的同时，对其进行计划、协调、操作、控制和优化，在供应链中的核心企业与其供应商以及供应商的供应商、核心企业与其销售商乃至最终消费者之间，依靠现代网络信息技术支撑，实现供应链的一体化和快速反应，达到商流、物流、资金流和信息流的协调通畅，以满足全球消费者需求。

马汉武和程才（2007）指出[②]，国际化的市场已呈现出小批量、多品种、需求多样化、顾客定制化的需求模式，这就要求企业生产具有柔性化、敏捷化的特点，而全球供应链是满足这一需求的极好方式。全球供应链是一种旨在全球范围内整合资源优势，形成对市场需求的快速反应能力，以高质量、低成本满足客户需求的一种现代企业运作模式。

包小忠（2009）指出[③]，由于自由化制度和技术进步降低了跨国公司在全球安排采购、生产和销售的交易成本，也导致跨国公司的内部分工越来越细，由原来的产品分工进化到按照生产工序分工，由原来的区域分工发展到按生产要素分工。近年来，跨国公司加速实施全球战略布局，随着供应、生产和销售关系的复杂化，供应链过程涉及的不同地域的厂家越来越多，最终冲破国家界限呈现出了全球性，于是，它就成了名副其实的全球供应链。

笔者认为，全球供应链是在供应链中引入国别地理的视角，指在全球经济一体化下，基于产品内分工的形式，各个实施战略全球化的企业链接而成的跨越国界的供应链。其中，有两个概念需要明确：（1）战略全球化是指企业是从全球这个大范围出发，而不是仅局限于一国国内来考虑问

---

① 钟祖昌、谭秋梅：《全球供应链管理与外贸企业核心竞争力构建》，《国际经贸探索》2007年第1期。

② 马汉武、程才：《我国老工业基地融入全球供应链的对策研究》，《工业技术经济》2007年第9期。

③ 包小忠：《跨国公司全球供应链的构建与离岸服务外包的区域分布》，《管理现代化》2009年第2期。

题的；（2）跨越国界不仅是地理位置的跨越，更是生产方式和组织方式的跨越国界。因此，布局一国国内的供应链，只要实施战略全球化，应同样属于全球供应链。

依据上述观点，基于供应链的结构模型，全球供应链结构可以归纳如图2－1所示的模型。

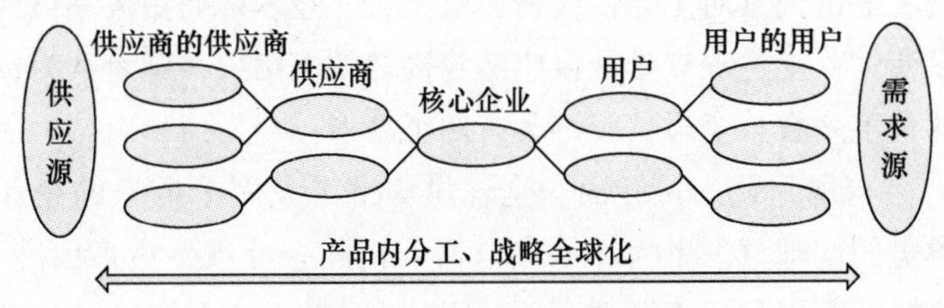

图2－1　全球供应链结构模型

从图2－1中可以看出，全球供应链由所有加盟的节点企业组成，一般有一个核心企业（可以是产品制造企业，也可以是大型零售企业，如戴尔）。依据产品内分工原则，将原材料供应、制造、装配、分销、零售等各个环节分别集中于各个节点企业。而这些节点企业，在利润最大化的驱动下，依据战略全球化的原则嵌入全球供应链。

三　全球供应链的特点

（一）供应链的特点

普遍认为①，供应链是一个网链结构，由围绕核心企业的供应商、供应商的供应商和用户、用户的用户组成。一个企业是一个节点，节点企业和节点企业之间是一种需求与供应关系。供应链主要具有四个特点：

（1）复杂性。因为供应链节点企业组成的跨度（层次）不同，供应链往往由多个、多类型企业构成，所以供应链结构模式比一般单个企业的结构模式更为复杂。

（2）动态性。供应链管理因企业战略和适应市场需求变化的需要，其中节点企业需要动态更新，这就使得供应链具有明显的动态性。

（3）面向用户需求。供应链的形成、存在、重构，都是基于一定的市场需求而发生，并且在供应链的运作过程中，用户的需求拉动是供应链中信息流、产品或服务流、资金流运作的驱动源。

① 贾平：《供应链管理》，清华大学出版社2011年版，第158页。

（4）交叉性。节点企业可以是这个供应链成员，同时又是另一个供应链成员，众多的供应链形成交叉结构，增加了协调管理的难度。

（二）全球供应链的特点

当供应链的活动由国内发展到国外，产品流动穿越不同国家遍布全球时，全球供应链具有五个特点：距离导致更高的库存、预测的难度和不准确性增加、经济因素对全球供应链影响重大、技术障碍更大和供应链产品更具有多变性。上述五点是从供应链管理的角度出发，笔者认为，若从国际贸易的角度来看，全球供应链具有四个特点：

（1）参与国际化。一方面，全球供应链涉及多个国家的企业，供应链网络覆盖的地理范围更大，可参与供应链的企业数量更多；另一方面，全球供应链涉及国际经济活动，而各国社会制度、自然环境、生产技术和文化的不同，国际化色彩明显。

（2）战略全球化。各个追求利润最大化的企业，不再仅仅着眼于国内资源和国内市场，而是依据战略全球化的原则，统筹考虑国内外的资源和市场，主动选择参与或退出全球供应链。

（3）风险扩大化。较之国内供应链，全球供应链所面临的风险也从国内延伸至国外，如国际政治风险、国际经济风险和自然风险。风险控制，是全球供应链管理的重要议题，日本海啸造成的供应链断裂就是一个显著例子。

（4）间接贸易大增。随着供应链生产方式的扩大化，参与供应链生产的企业越来越多，导致供应链内部的商品流不断加大。那么，最终产品的出口，包含更多的中间品贸易，即间接贸易的数量大幅增加。

四 相似的概念

长期以来，经济学家和管理学家对于产品内分工的国际贸易现象进行了大量研究，提炼出描述该现象的不同概念，如全球商品链、全球价值链和全球生产网络。明确全球供应链的概念，需要考察另外三个相关术语的概念。本节从基本概念和研究对象着手，分析上述相关概念。

（一）全球商品链

1994 年，美国杜克大学社会学教授加里·格雷菲（Gary Gereffi）提出了全球商品链（Global Commodity Chain，GCC）概念：通过一系列国际网络，把围绕某一商品而发生关系的诸多企业、个人以及其他相关机构联系到世界经济体系中，包括投入、组织运输、营销、最终消费等不同环节。这一概念反映了跨国公司打破过去纵向一体化的格局，呈现横向和纵向集成的态势。

格雷菲把全球商品链分成生产者驱动型和购买者驱动型两种类型。在生产者驱动型商品链中，由于生产的进入壁垒很高，领先的公司通常是国际寡头，这些大生产商在协调生产网络（包括前向与后向联系）中居于中心地位，这种商品链在汽车及重型机械等资本技术密集行业中很典型，如日本本田公司；在购买者驱动型的商品链中，由于生产的低进入壁垒造成高度竞争和全球分散的工厂体系，居于流通环节的全球购买者占据支配地位。这种以贸易带动的产业化主要体现在服装及家用电器等劳动密集型的行业中，如美国沃尔玛公司。

（二）全球价值链

全球商品链理论虽然能够大概体现产业组织发生的变化，即产业间分工被产业内分工取代，产品间分工被产品内分工取代，但不能说明全球范围内的价值创造体系是如何运作的。

波特（1985）指出，价值链的活动可分为基本活动（企业的基本增值活动）和支持活动（企业的辅助性增值活动），这些增值活动的总和构成企业的价值链。

格雷菲（2003）在价值链和全球商品链相关理论相互融合的基础上，产生了全球价值链（Global Value Chain，GVC）理论并逐步建立了相应的理论框架。全球价值链①是指在参与国际分工和贸易的全世界范围内，为创造并实现某种商品或服务价值而连接生产、销售直至回收处理等全过程的跨企业网络组织，包括所有参与生产销售活动的组织及其价值、利润的分配。可知，全球价值链解释了商品价值创造、分配、获取等过程中利益分配机制的原理，分析了产品价值创造体系中不同价值环节彼此间的交互作用。

（三）全球生产网络

全球生产网络（Global Production Networks，GPNs）的概念最先是由迪特尔·厄恩斯特（Dieter Ernst，1999）提出来的，同年，迪肯和亨德森（Dicken and Henderson，1999）在一篇研究报告中也提出了同样的概念。根据迪特尔·厄恩斯特（2002）的解释，全球生产网络是一种将跨越公

---

① 罗纳德·哈里·科斯：《企业、市场与法律》，上海三联书店1990年版。

司和国家边界的，(空间)集中与(地理)分散的价值链与网络参与者的科层结构一体化过程连接起来的网络。建立这种全球生产网络的基本原理是寻求灵活的、专业化的低成本供应商。

全球生产网络研究以企业、制度、关系、空间为主要考察维度①②，并以技术、时间为外在影响要素，主要围绕价值(Value)、权力(Power)与镶嵌(Embeddness)等几个要素进行一些关键问题的探讨。在价值方面，着重研究价值创造、价值提升和价值获取；在权力方面，着重研究公司权力、制度权力和集体权力；在镶嵌方面，研究地域镶嵌和网络镶嵌。

第二节 基于全球供应链的国际贸易

一 全球供应链贸易含义

本书标题为“基于全球供应链的国际贸易理论研究”，其实质是研究在经济全球化和产品内分工时代，主流国际贸易理论能否解释基于全球供应链的国际贸易，如果不能，应如何完善。因此，明确“基于全球供应链的国际贸易”的含义，是一项必需的工作。

笔者以“全球供应链”和“贸易理论”同时作为关键词，以精确检索为条件，在Elsevier、Springer、中国知网、国研网以及万方数据库都毫无收获；转而将“全球供应链”改为“供应链”，将“贸易理论”改为“贸易”进行检索，可以获得部分文献资料，但都集中于供应链贸易管理和供应链贸易融资两方面，关于本书研究方向的文献不多。

定义“基于全球供应链的国际贸易”，本书从字面的基本概念出发，可将“全球供应链”视为“国际贸易”的前置定语，从“国际贸易”和“全球供应链”这两个概念入手。

---

① 林季红：《跨国公司全球生产网络与中国产业的技术进步》，《厦门大学学报》(哲学社会科学版) 2006年第6期。

② 张杰、刘志彪、郑江淮：《产业链定位、分工与集聚如何影响企业创新——基于江苏省制造业企业问卷调查的实证研究》，《中国工业经济》2007年第7期。

国际贸易[①][②]是具有独立关税制度的国家或地区之间的商品或服务的交换活动。按交易标的特征可分为有形贸易和无形贸易。有形贸易又称物品贸易，这种贸易的标的物是物质产品，如粮食、机器等，它们具有可触摸、可看见、外在的物理特性。而无形贸易又称服务贸易，这种贸易标的不是物质产品，而是服务，如运输、保险等，不具有可看见和可触摸的外在物理特性。

供应链是围绕核心企业，通过对信息流、物流、资金流的控制，从采购原材料开始，制成中间产品以及最终产品，最后由销售网络把产品送到消费者手中的将供应商、制造商、分销商、零售商，直到最终用户连成的一个整体的功能网链结构模式。全球供应链是在供应链中引入国别地理的视角，指在全球经济一体化下，基于产品内分工的形式，各个实施战略全球化的企业链接而成的跨越国界的供应链。

因此，对“基于全球供应链的国际贸易”（以下简称“全球供应链贸易”），笔者尝试将其定义为：在全球经济一体化的背景下，各个实施战略全球化的企业，依据产品内国际分工原则，通过全球供应链的运转，实现商品或服务在具有独立关税制度的国家或地区之间的交换活动。在全球供应链贸易中，同样包含有形商品和无形商品，而信息交换、资金交换和产品交换也始终贯穿其中。

通过上述定义可以看出，全球供应链贸易是供应链产品内分工跨越国界的一种表现形式，是一种特殊的国际贸易。

二　全球供应链贸易特点

在此，不禁自问，全球供应链贸易的特殊性在哪里？审视定义，其中的主语、谓语和宾语分别为“企业”、“实现”和“交换”，本书从这三个词语展开讨论，剖析全球供应链贸易与一般国际贸易的不同之处。

（一）参与贸易的主体不同

参与贸易的主体，即“企业”不同。企业，在《现代汉语词典》中的解释为：从事生产、运输、贸易等经济活动的部门。首先，企业是一种社会组织；其次，企业从事经济活动，也就是能够给社会提供服务或产品；最后，企业是以取得收入为目的，即以营利为目的。从事全球供应链

① 郭羽诞、兰宜生：《国际贸易学》，上海财经大学出版社2008年版，第27页。

② 朱钟棣、郭羽诞、兰宜生：《国际贸易学》，上海财经大学出版社2005年版，第27页。

贸易的企业，与一般的企业不同，体现在两个方面：

(1) 二者同样是一种社会组织，但前者必须是被包含于某个全球供应链中的企业，分享供应链带来的利益和风险。还需要指出，企业所在的供应链并非固定，而是依据战略全球化的策略，主动选择或退出某个全球供应链，乃至某几个全球供应链，因此，企业所在的全球供应链是动态变化的。

(2) 虽然二者都以营利为目的，但前者更加看重长期利润，为维系稳定的合作和持续的交易，企业会与上下游企业建立良好关系乃至结为战略合作伙伴。为此，企业会适当放弃部分短期收益，如为满足下游企业的需要，自行支付成本改进设备。而一般企业，由于较多是一次性的交易，难以固定交易对手，无法追求长期利润。可见，二者的目标是不同的，前者是长期利润最大化，后者是短期利润最大化。

(二) 参与贸易的条件不同

参与贸易的条件，即“实现”的条件不同。实现全球供应链贸易，除一般贸易所需的询盘、还盘、签订合同以及执行合同等步骤外，还需要一个条件：实现全球供应链的有效运转。实现这一条件，有三个基本的步骤：设计、管理和风险防范。

(1) 设计。全球供应链是由多个在国内外的供应链成员“节点”和它们之间的“连线”构成的物理网络，以及与它们的业务相伴随的信息流网络和资金流网络组成的有机系统。网络节点结构的设计，决定了全球供应链的复杂程度和业务运作的流畅程度，应从设施及容量、结构及流量、信息网络及集成和供应链网络的发展性四个方面入手。

(2) 管理。全球供应链管理与本土化供应链管理的原理基本一致，但由于涉及国外业务，使之更加复杂。全球供应链管理的基本职能包括五个方面[①]：需求和供给管理、新产品研发管理、采购管理、生产管理和订单履行管理。

(3) 风险防范。全球供应链覆盖地域更广，潜在风险更多，任何一个供应链节点出现问题，都有可能使供应链发生断裂。其风险总体上可归纳为五类：自然风险、政治和经济风险、独家供应商风险、信息传递风险，以及企业文化差异风险。

---

① Teece and Shuen, “Dynamic capabilities and strategic management”, *Strategic Management Journal*, No. 18, 1997.

（三）参与贸易的客体不同

参与贸易的客体，即“交换”不同。显然，在全球供应链中，企业之间的交换对象是商品和服务，本书将其统称为企业的产品。依据卢峰（2004）的区分，可将产品分为一级产品和二级产品两类。

一级产品是能独立发挥某种消费和生产功能的物品。一级产品可分为两类：一类是家庭、政府和非政府组织等不同主体，能够直接消费和利用的最终产品；另一类是厂商之间提供的机器、设备等资本品。二级产品在自身形态上不具备独立的消费和生产功能，但是通过组装、连接或加工等程序，以原生或转换形态可构成一级产品的特定组成部分。二级产品也可以分为两个子类：一类是零件、部件、配件、子系统组件或模块等，通常被称为中间产品的物品，可称为零件类二级产品；另一类是原料，如棉花、木材、化纤、钢材和其他金属等，可称为原料类二级产品。

全球供应链包括原材料采购，中间产品制造以及最终产品零售等多个环节。因此，原材料交易、中间品交易和最终产品交易都被涵括在全球供应链贸易之中。按上述概念，全球供应链贸易同时覆盖一级产品和二级产品，且从节点企业的数量和交易次数上看，二级产品在贸易中所占的比重更大，这正是本书研究的侧重点。而一般的国际贸易，大多是将最终产品销售至消费者的过程，属于一级产品的交换。可见，全球供应链贸易与一般贸易的交换对象也不同。

综上所述，全球供应链贸易与一般的国际贸易有所不同，体现为三个方面：参与贸易的主体不同，企业被包含于全球供应链之中，且注重长期利润；参与贸易的条件不同，企业需设计、管理和防范风险，来保证全球供应链的有效运转；参与贸易的客体不同，全球供应链贸易中，二级产品所占的比重更大。自然，全球供应链贸易的贸易动因、贸易结构和贸易结果与一般贸易也会不同，这正是本书所要研究的核心内容。

三　全球供应链贸易的组织模式

在全球供应链贸易中，位于供应链中心的核心企业，对与全球供应链的运转有着举足轻重的作用。在此，依据全球供应链中核心企业对其他节点企业的控制力强弱不同，可将全球供应链贸易区分为三种组织方式：企业集团型、企业联盟型和生产外包型。

（一）企业集团型

企业集团型是指全球生产链中的核心（旗舰）企业以参股形式获取

嵌入供应链中的中小企业，包括前向的原材料生产和供应以及后向的销售与售后服务等，并获得一定的所有权和控制力。如此，该企业集团中的核心企业，可以控制从原料准备到产品零售的全部行动。

构造企业集团型全球供应链后，各个跨国节点企业之间的国际贸易成为一种企业的内部交易。由于交易是在企业内部通过组织安排进行，可以避免企业间互不信任而出现的投机等风险，可以降低企业在国际贸易中的交易成本。可见，企业集团型全球供应链不仅可以合理分工，优化资源配置；还可有效降低交易成本并增强知识产权保护力度，适合产品技术需严格垄断的企业。

企业集团型全球供应链的不足体现在：供应链的反应速度较慢。由于企业集团往往组织庞大，管理结构复杂，这是导致反应速度慢的重要原因。而且，经济学常识显示，过大的生产规模会造成规模效应递减，出现管理效益降低的情况。目前采用这种方式组建供应链的企业越来越少。

（二）企业联盟型

企业联盟型是指各个企业通过合作协议或隐性约定联合组成全球供应链的形式，其中，核心企业不再对链接企业拥有一定的控制权，不再把供应链各环节视为企业内部的一个部门。

在国际贸易中，寻找一个合适的供应商或需求商，并且双方对价格和其他细节达成一致，需要企业付出一定的搜寻成本和交易成本。如果双方只进行一次性的贸易，则每一方均希望尽可能大地获得收益并降低所有成本，根据不完全信息的静态博弈原则，双方都不能获得最佳收益。反过来，如果认识到一个稳定的供应链有可能使供应链上的各个企业从多次国际贸易中获得更多的收益，企业会注重合作关系的建立，而不再以短期利润最大化为目标。一旦双方之间建立了良好信誉，则双方的反应速度均会提高，双方的搜寻成本和交易成本均会下降，实现共赢的效果。

因此，企业联盟型全球供应链，既能发挥供应链的优势，又可以降低核心企业管理成本，适合产品技术可在小范围内扩散的企业。

（三）生产外包型

马士华（2000）指出①，供应链管理强调的是把主要精力放在企业的关键业务（企业核心竞争力）上，充分发挥其优势，同时与全球范围内

---

① 马士华、林勇、陈志祥：《供应链管理》，机械工业出版社2000年版，第14页。

的合适企业建立战略合作关系，企业中非核心业务由合作企业完成，这就是所谓业务外包（Outsource）。

生产外包型全球供应链，是指在全球供应链中，核心企业为把主要精力放在关键业务上，充分发挥其优势，而将企业中非核心业务转移给供应链中其他企业完成的形式。其中，核心企业不再参股或签订合作协议，而是通过核心技术控制整个供应链，该模式适合可模块化的产品。

依据上述定义本书认为，以生产外包的形式参与全球供应链贸易的核心企业，应当具备三个特征：（1）核心企业集中体现核心竞争力的商业活动，而将非核心业务外包给全球供应链的其他节点企业；（2）核心企业与全球供应链的节点企业建立一种长期和稳定的贸易关系，把其当作合作伙伴而不是竞争对手；（3）核心企业应对其他节点企业进行必要的业务指导和技术培训，不仅能提高整个供应链的生产能力，而且可实现对其他节点企业的隐性控制。

综上所述，无论哪种全球供应链的组织方式，其生产方式都体现为基于全球供应链的协作生产，只是核心企业对节点企业的控制力不同，而国际贸易是全球供应链运作的一种物化的表现形式。

第三节 全球供应链贸易的比较优势

随着经济全球化和产品内国际分工时代的到来，企业间的市场竞争不断加剧，一方面，企业同时面临国内外竞争，企业生存压力激增，根据新新贸易理论的分析，只有高生产率企业才能参与国际贸易，而低生产率企业不仅无法参与国际贸易，甚至会被国内市场淘汰。另一方面，在全球供应链背景下，单个企业要在市场上立足和发展，仅靠自身拥有的资源对市场变化做出及时快速反应已经远远不够。全球市场的竞争已不再是跨国企业之间的竞争，而是全球供应链之间的竞争，企业间只有结成供应链才有可能取得竞争的主动权。①

全球供应链贸易，正是迎合了这一大趋势的要求，它将单个企业从资

① 徐燕雯、滕玉华：《供应链下的国际贸易流通模式》，《企业改革与管理》2004 年第 10 期。

源的约束中解放出来，从而创造出基于供应链的比较优势，进而形成企业的竞争优势。

一 降低交易成本

全球供应链贸易是一种在国际范围内，各节点企业间紧密合作、共担风险、共享利益的贸易模式，可以大大降低流通中的交易费用。

传统的国际贸易下，生产商、出口商、进口商、零售商和消费者之间是通过买卖商品和服务而发生联系的。它们之间是一种交易关系，依据利润（消费者为效用）最大化原则，选择合适的商品，信息搜寻成本和交易费用必不可少。尤其是这种关系只是建立在每笔交易的基础上，交易结束则相互间的关系也终止，下次交易还要重新搜寻信息和谈判，由此重复发生的交易费用对企业资源无疑是一种巨大的浪费。

全球供应链贸易，各节点企业之间是一种合作关系，即通过供应链合约，使全球供应链中的内部市场替代外部市场，在一定程度上减少谈判和履约费用，使供应链整体的交易成本最小化。另外，由于各节点企业建立的是长期的贸易往来，一次协商就可以覆盖较长时期的交易，以往重复发生的交易费用得以节省。

二 降低库存成本

全球供应链贸易是一种以信息管理取代库存管理的贸易模式，可以大大降低库存费用。

传统的国际贸易中，由于缺乏交流与合作，出口企业不知道进口企业的销售速度，同样，进口商也不了解出口商的生产速度，因此双方都需保有一定的库存量。这一结果是既占压了资金，又要支付大量的仓储费用，对进出口企业都不利。

全球供应链贸易通过上下游企业间密切的配合，建立贯穿于供应链各节点的信息系统，及时清楚地掌握整条供应链的商品库存状况、销售情况和顾客需求状况，从而大大降低需求的不确定性，实现用信息代替存货。即企业持有的是“虚拟库存”而不是实物库存，只有到供应链的最后一个环节才交付实物库存，为企业降低库存成本。

戴尔公司（DELL）的全球供应链是个很好的例子，通过与全球 170 多个国家的 5 万多家供应商和配件厂家的紧密联系，及时掌握它们的库存和生产信息，提高了信息反馈速度，加强了库存管理能力，达到以信息代替存货的目标。

三　提高物流效率

全球供应链贸易利用电子信息系统来优化供应链的运作，可以显著提高物流效率。

传统的国际贸易中，通过产品从出口生产企业、出口商、进口商、零售商的逐级推进，最终到达消费者手中来完成流通的。这种流通模式因信息反馈滞后，一方面导致流通中各成员预测准确性低；另一方面造成生产商对新的需求反应迟缓，从而影响整个流通的效率和效益。

全球供应链贸易，通过构建电子信息平台，实现供应链成员之间信息技术的有效集成。通过上、下游节点企业的合作，建立快速反应系统，实施及时配送和不间断补货，或者实施有效客户反应项目，可以缩短订货周期，对市场和顾客需求做出更加快速的反应。它不仅简化了物流渠道，使物流中产生的信息流、商流和资金流以数字化的形式在网上瞬间完成，而且缩短了流通时间，提高了供应链管理环境下物流的工作效率。

以戴尔公司为例，通过各种途径获得的订单被汇总后，供应链系统会自动创建一个供应商材料清单。供应商只需 90 分钟准备原材料，工厂的库存时间仅 7 小时。

四　提高技术收益

全球供应链贸易是一种战略联盟下的贸易模式，有助于增强企业的技术能力，提高产品在国际市场中的竞争力。

在传统的国际贸易中，各企业以各自的职能为中心，生产商、出口商、进口商、零售商只考虑企业自身的资源利用，将注意力更多地放在各自如何提升生产技术上，偏重于企业内部的学习过程。这一模式，一是不能通过有效整合上下游企业，实现协同生产的技术收益；二是核心企业也不会有技术外溢的动力。

而全球供应链贸易，通过供应链成员间相互选择，组建成战略协作系统，有利于提高企业的技术收益：一是各节点企业分工合作，充分发挥各自优势，提升使整个全球供应链的生产效率；二是为促进整个供应链的发展，核心企业会有一定程度的技术外溢；三是各节点企业为了不被供应链淘汰，也会主动地改进并适应供应链的要求，倒逼出技术收益。

五　提升消费者主权

全球供应链贸易是一种以市场需求拉动为原动力的贸易模式，可以通过产需互动来充分体现用户主权。

在传统的国际贸易中，各成员将注意力更多地放在各自的业务目标上，在销售方面则是将商品“推向”消费者。虽然这种模式在一定程度上体现出了以顾客需求为导向，满足个性化需求以及动态变化的特征，但是，它无法克服消费者拉动的滞后效果，生产的产品和服务也不能真正体现消费者主权。

全球供应链贸易是由一些非线性的、界线相互交叉的组织构成的一种不规则的网状结构，使得生产商、出口商、进口商、零售商和用户之间可以利用信息技术和网络技术，很方便地进行信息交流与沟通。该模式下，不仅生产者可以在清楚地知道用户消费需求的基础上，从事有的放矢的生产活动；而且用户也可以及时、充分地向生产厂商表达自己的意愿和要求，从而使消费者主权得以体现。如戴尔公司的直销模式，通过建立一套与客户联系的渠道，由客户直接向戴尔公司发订单，提升了消费者主权。

第四节　中国钢铁的全球供应链贸易

一　钢铁贸易概况

随着中国成为世界钢铁生产中心，生产大国地位得到空前提升，而中国也在逐步成为钢铁贸易大国。2000 年，中国钢材（本书在无说明时，钢材与钢铁表示同一含义）出口 1110 万吨，进口 2090 万吨，进出口总额占世界贸易额的 5.2%。

2005 年，我国钢材出口 2740 万吨、进口 2730 万吨、占全球贸易额 7.4%，首次实现净出口。之后，中国钢材出口进入攀升期，2006 年，出口 5170 万吨，进口 1910 万吨，占全球贸易总量的 8.5%；2007 年，出口总量继续攀升至 6630 万吨，占全球贸易额达到峰值的 9.4%。2009 年，受制于金融危机，钢材出口困难，出口 2390 万吨，跌为全球钢材第四大出口国，进口还保持在正常水平，进口 2240 万吨，虽出口大幅缩减，但仍占全球贸易总量的 7.1%。2010 年，钢材出口回暖，出口钢材 4250 万吨，成为仅次于日本的第二大出口国；进口 1640 万吨，占全球贸易总量的 7.6%。2011 年和 2012 年，贸易总量分别达到 6424 万吨和 6894 万吨，分别占全球贸易份额的 7.8% 和 8.4%。可见，中国钢材贸易总量占全球的比重基本维持在 7.5%，是名副其实的钢铁贸易大国。

2000—2012 年中国钢材贸易量及占其全球的比重其如图 2－2 所示。

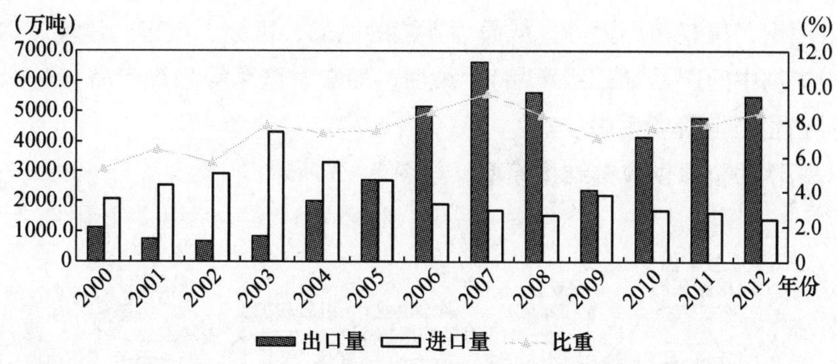

图 2－2　中国钢材贸易量以及占全球钢材贸易的比重

中国钢铁贸易是否属于全球供应链贸易，依据第二节二中的分析，下文从参与主体、参与条件和参与客体三方面进行分析。

二　参与主体

若是参与全球供应链贸易的企业，应被包含于全球供应链之中，且注重长期利润。下面分别从这两个角度分析参与钢铁贸易的企业。

（一）企业是否被包含于全球供应链之中？①

钢铁产业作为在国民经济中具有重大影响的基础原材料产业，具有产业关联度高、链条长、带动能力强的特点。钢铁产业生产需要消耗大量铁矿石、煤炭、电力和水等原材料，与采矿业、能源工业、交通运输业等上游产业关联，钢铁产业产出的产品又为其他许多下游产业提供基本材料，主要包括建筑、家电、造船、汽车及各种机器制造、交通、能源设施及石化产业等。

中国钢铁企业参与全球供应链贸易的流程大致如下：首先，矿山开掘企业把开采的铁矿石运往选矿厂。其次，选矿厂对铁矿石进一步加工，然后提供给钢铁企业。值得一提的是，全球三大铁矿石供应商巴西淡水河谷公司（CVRD）、澳大利亚必和必拓公司（BHP billion）以及力拓公司（Rio tinto）控制着世界铁矿石 90% 以上的海运量，垄断了 80% 的市场，

① 徐燕雯、滕玉华：《供应链下的国际贸易流通模式》，《企业改革与管理》2004 年第 10 期。

并且主要出口到中国。① 再次，钢铁企业根据工艺流程进行炼铁、炼钢、轧钢和钢材深加工等，生产出粗钢或精钢或者生产汽车用钢、建筑用钢、铁道用钢、集装箱用钢等，从而为下游的船舶、机械、汽车、建筑等钢铁用户提供中间产品（二级产品）。最后，船舶、汽车等最终产品（一级产品）销售至消费者手中。

钢铁的全球供应链结构模型，如图 2－3 所示。②

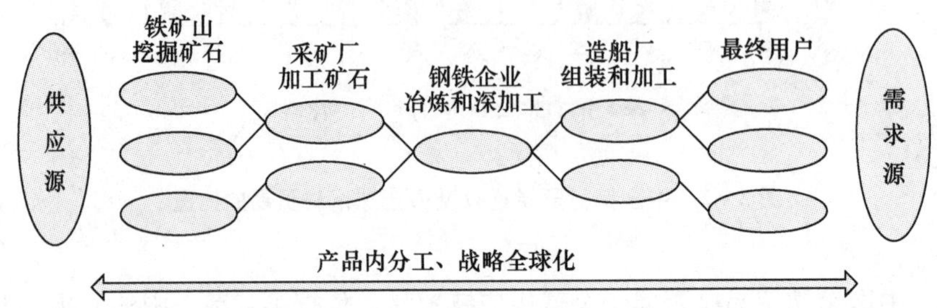

图 2－3　钢铁全球供应链结构模型

可见，中国钢铁企业是包含于全球供应链之中的。

（二）企业是否更加注重长期利润，而主动与上下游企业建立良好的关系？

中国钢铁企业积极寻求与上游供应商和下游客户结成战略合作伙伴关系，不断构建和完善它们的供应链，以上海宝钢为例③，在全球范围内选择其他的铁矿石、煤炭、运输和汽车、家电等的诸多优势企业建立战略合作伙伴关系，以确保原燃料资源、运输能力以及钢材产品市场的长期稳定，如 2001 年与巴西某矿业集团签订全面合作协议、2003 年完成与一汽、上汽、东风国内三大汽车业巨头的全面战略合作，以及 2011 年以 5.42 亿元收购宝钢金属汽车零部件板块。

可见，主动与上下游企业建立良好关系，获取长期利润，是中国钢铁企业的经营策略。

---

① 彭徽、徐春祥：《基于铁矿石进口代理制的思考》，《资源与产业》2010 第 3 期。

② 李建祥：《钢铁工业三级供应链协调生产计划研究》，《计算机集成制造系统》2005 年第 3 期。

③ 王建军：《产业链整合与企业提升竞争优势研究》，《经济经纬》2007 年第 5 期。

三　参与条件

参与全球供应链贸易的企业，需通过设计、管理和防范风险，来保证全球供应链的有效运转。中国钢铁企业是否致力于全球供应链的有效运转?

目前，制约我国钢铁企业发展的供应链上关键环节主要是铁矿石的供应，这日益成为制约我国钢铁企业发展的“瓶颈”。我国铁矿石资源储量不小，约占世界总储量的10%，居世界第9位，但人均资源占有量仅为世界平均水平的32%，且资源禀赋条件较差，贫矿多、富矿少，部分铁矿石开采受技术经济条件的限制，开发利用难度很大。随着我国的工业化和城镇化步伐的加快，我国自身铁矿石资源的供应能力远远不能满足钢铁工业的发展要求。铁矿石能否稳定的供应，已经成为威胁我国钢铁企业战略安全的重大问题。近年来，我国钢铁企业采购国际铁矿石的数量日益增加，对外依存度不断提高，目前已达到50%以上，而与此同时，由于铁矿石需求迅速膨胀，拉动了国际铁矿石价格的连续上涨，尤其在2005—2009年更加明显，如表2-1所示。

表2-1　中国铁矿石进口价格涨幅　单位:%

年份	达成协议时间	谈判双方		铁矿石涨幅	
		购买方	供应方	粉矿	块矿
2009	2009年8月	中钢协*	FMG	-35.02	-50.42
	2009年5月	新日铁	力拓	-33	-44
2008	2008年1月	宝钢	力拓	79.88	96.50
	2007年3月	新日铁、浦项制铁	淡水河谷	65	71
2007	2006年12月	宝钢	淡水河谷	9.50	9.50
2006	2006年6月	宝钢	必和必拓	19	19
2005	2005年2月	新日铁	力拓	71.50	71.50

注：*中钢协为中国钢铁工业协会的简称。

资料来源：根据新浪财经（http://finance.sina.com.cn/focus/ironhyqzz_2011/）整理。

基于铁矿石供应短缺的现状，中国钢铁企业在设计全球供应链时，保证铁矿石供应成为必不可少的环节，积极管理铁矿石供应链的运作，尽可能降低铁矿石短缺带来的经营风险。仍以宝钢集团为例，该集团较早认识供应链对企业全局的战略意义，逐步加强对供应链的整合。针对铁矿石的资源缺口，宝钢对于上游产业实施“两手抓”的战略，即一手抓海外，一手抓国内。一方面，宝钢积极实行“走出去”的海外投资战略，已在巴西、澳大利亚等铁矿石储量丰富的国家加大了投资力度，另一方面，努力整合国内资源，2007 年，宝钢集团出资 30 亿元巨资，收购新疆八一钢铁集团，获得控股权，其主要目的是利用八一钢铁集团最大的优势，即资源优势。

可见，中国钢铁贸易企业一直致力于全球供应链的有效运转，尤其是构建上游铁矿石供应链，以保证生产的持续性，以及防范原材料的价格风险。

四　参与客体

中国钢铁的国际贸易中，包含二级产品吗？其比重大吗？

通常，大家想到钢铁贸易，马上就会联想到中国每年出口多少粗钢、多少生铁或其他种类的钢材产品，此时出口的钢材直接送达消费者或企业手中，显然，钢材是以最终产品而不是中间品的形式出口。

在此，先回顾图 2 – 3，考察全球供应链中最上方的 5 个节点：铁矿山、铁矿厂、钢铁企业、造船厂和消费者。5 个节点之间，供应链的运转方式大致如下：铁矿山将未经加工的铁矿石运抵铁矿厂；后者经加工后，将铁矿石送达钢铁企业；后者又经冶炼，将钢材送至造船厂；后者以此为原材料，制造船舶。在这一流程中，包含四个贸易环节，而其中三个环节属于二级产品贸易，分别为未经加工的铁矿石贸易、铁矿石贸易和钢材贸易；而只有船厂销售船舶至消费者的过程，属于一级产品的贸易。

如此看来，在钢铁的供应链贸易中，不仅包含一级产品的贸易，同样包含二级产品的贸易，且二级产品所占的比重更大。

综上所述，中国不仅是世界钢铁贸易大国，并且钢铁贸易属于全球供应链贸易。

第五节　本章小结

全球供应链贸易是一种新的贸易模式，本章从全球供应链概念出发，构建全球供应链贸易相关概念，探讨全球供应链贸易的优势，并以中国钢铁贸易为例，佐证全球供应链贸易的概念。本章共分四个部分：

第一部分指出全球供应链的概念。该部分从供应链的概念入手，尝试构建全球供应链的概念，并指出对比于供应链，全球供应链具有国际化、战略全球化、风险扩大化和间接贸易大增的特点。之后，为进一步明确概念，对比分析了全球商品链、全球价值链和全球生产网络的概念。

第二部分构建全球供应链贸易的概念。首先，结合全球供应链和国际贸易的概念，构建全球供应链贸易的概念。其次，从概念出发，揭示全球供应链贸易的三个特点，即参与贸易的主体不同、参与贸易的条件不同和参与贸易的客体不同。最后，指出全球供应链贸易的三种组织模式，即企业集团型、企业联盟型和生产外包型。

第三部分分析全球供应链贸易的比较优势。对比于一般的国际贸易，全球供应链贸易具有五点优势，即降低交易成本、降低库存成本、提高物流效率、提高技术收益和提升消费者主权。

第四部分分析中国钢铁的全球供应链贸易，一方面，用以佐证全球供应链贸易的概念；另一方面，指出中国钢铁贸易，是一种全球供应链贸易，为后面的实证研究提供支持。

综上所述，本章构建了全球供应链贸易相关概念，并以中国钢铁贸易为例，佐证概念的逻辑性。实际上，本章提出了一个新的贸易现象，为后续理论研究和实证研究确定研究对象。

第三章 全球供应链视角下国际贸易理论的局限性

国际贸易理论的研究历经二百余年，理论研究内容丰富。至今，国际贸易理论的发展经历了五个发展阶段，分别是以亚当·斯密和大卫·李嘉图为代表的古典贸易理论、以赫克歇尔和俄林为代表的新古典贸易理论、以保罗·克鲁格曼为代表的新贸易理论、以杨小凯为代表的新兴古典贸易理论及以 M. J. 梅利茨和 P. 安特拉斯为代表的新新贸易理论。另外，以赫莱纳、琼斯和阿恩特（Helleiner，Jones and Arndt）为代表的产品内贸易理论，是国际贸易理论的重要补充，本章也将其纳入分析。

本章首先依据经典理论，对各阶段国际贸易理论的思想进行梳理和评价，并综述国际贸易理论的不足之处。然后引入全球供应链的视角，以钢铁的全球供应链贸易为例，揭示主流理论的局限性。

第一节 主流国际贸易理论

一 古典贸易理论

古典贸易理论的“古典”之处在于其分析模型是古典模型，即完全竞争市场和规模报酬不变。古典贸易理论的代表性理论是绝对优势理论和比较优势理论。古典贸易理论的提出基于以下基本假设：市场是完全竞争市场；生产要素从一个部门转向另一个部门时，其机会成本不变；劳动在国内可以自由流动，在国际上不能流动；生产过程中只投入劳动一种生产要素；各国对贸易不加干预。

（一）绝对优势理论

1776年，英国经济学家亚当·斯密第一次提出绝对优势理论①，并对自由贸易的合理性与可行性进行论证，被后人公认为自由贸易理论的先驱。他指出："如果外国能以比我们还便宜的商品供应我们，我们最好就用我们能有利的使用自己的产业生产出来的物品的一部分向他们购买。"②绝对优势理论认为，在自由贸易的前提下，各国应集中生产并出口其劳动生产率高，即具有绝对优势的产品，进口其具有绝对劣势的产品，这样可以使贸易各国都获利。

绝对优势理论有四方面的特点：（1）他将劳动分工理论的基本观点推广到国际领域，认为国际分工也会提高整个社会的消费水平或福利水平。（2）该理论以机会成本不变为前提，尽管那时还没有机会成本的概念，但是在理论假设中包含着机会成本的意义。（3）该理论简单直观，在现实世界中，各国确有一些产品的劳动生产率明显高于另一些国家。因此，该理论容易被人接受。（4）该理论不能解释一国在两种产品的劳动生产率均高于另一国。相应的，另外一国的劳动生产率均比较低，但是国际贸易业可以在它们之间发生的情况。这一局限，在比较优势理论中获得解释。

（二）比较优势理论

1817年，英国经济学家大卫·李嘉图提出比较优势论③，指出："对葡萄牙来说，输出葡萄酒以换取毛呢是有利的，即使葡萄牙进口的商品在生产时所需的劳动少于英国，这种交换仍会发生。"④比较优势理论认为，尽管一国在两种产品的生产上均处于绝对的劣势，但它可以选择专业化生产和出口本国生产成本相对较低，即具有比较优势的产品，进口本国生产成本相对较高的产品，同样能获得实际利益和实现社会劳动的节约。

比较优势理论发展了绝对优势理论，将自有贸易理论向前大大推进了

① 丹尼斯·阿普尔亚德、艾尔佛雷德·菲尔德：《国际经济学》，机械工业出版社2000年版。

② Smith Adam, *An Inquiry into the Nature and Causes of the Wealth of Nations*, Chicago: University of Chicago Press, 1776, pp. 365－377.

③ 巴格瓦蒂、潘那加里亚、施瑞尼瓦桑：《高级国际贸易学》，王根蓓译，上海财经大学出版社2004年版，第117—126页。

④ Ricardo David, *The Principle of Political Economy and Taxation*, *London*: Gaernsey Press, 1817, pp. 173－198.

一步。[①] 绝对优势理论是建立在绝对技术差异基础上，尽管正确，但是，解释范围比较有限。然而，比较优势理论指出，即使两国不存在绝对的技术差异，但两国仍然可以在相对技术差异的基础上开展国际分工和贸易。由此，它将绝对技术差异或劳动生产率差异推广到相对技术差异层面。[②] 比较优势理论解决了落后国家能否从国际分工和贸易中获利的问题，被保罗·萨缪尔森称为“国际贸易不可动摇的基础”。

（三）简要评价

在国际贸易学说史上，斯密的绝对成本说可以说具有划时代意义。这一学说从劳动分工原理出发，在人类认识史上第一次论证了贸易互利性原理，克服了重商主义者认为国际贸易只对单方面有利的片面看法。这种贸易分工互利的“双赢”理念，仍然是当代各国扩大对外开放，积极参与国际分工和国际贸易的指导思想。[③④] 比较优势说是在斯密的绝对优势理论基础上提出的，是对绝对优势说的发展。它的创立，标志着国际贸易学说基本体系的建立。[⑤]

二　新古典贸易理论

新古典贸易理论特征在于，一方面，仍然分析完全竞争市场，继承“古典”之风，沿用古典模型；另一方面，“新”在该理论的研究角度从交换转移成生产，即解释外生技术差距的原因。新古典贸易理论的代表性理论是要素禀赋理论（又称 HO 理论），里昂惕夫之谜是该理论实证研究的重要成果，而要素价格均等化理论、斯托尔珀—萨缪尔森定理（简称 SS 定理）和雷布钦斯基定理（又称雷氏定理）是要素禀赋理论的三个重要推论。新古典贸易理论的假设条件主要包括完全竞争市场、规模报酬不变、需求偏好相同、无运输成本、生产中投入资本和劳动两种生产要素、产品要素密集度不改变。

---

① Barney, “Firm resources and sustainable competitive advantage”, *Journal of Management*, Vol. 17, No. 1, 1991.

② 海闻、林德特、王新奎：《国际贸易》，上海人民出版社 2003 年版，第 64—65 页。

③ 巴格瓦蒂、潘那加里亚、施瑞尼瓦桑：《高级国际贸易学》，王根蓓译，上海财经大学出版社 2004 年版，第 117—126 页。

④ 张二震、马野青：《国际贸易学》，南京大学出版社 2003 年版，第 53 页。

⑤ 洪银兴：《从比较优势到竞争优势——兼论国际贸易的比较利益理论的缺陷》，《经济研究》1997 年第 6 期。

（一）要素禀赋理论

1933年，师承赫克歇尔的俄林在 *The Problem of Interregional and International Trade* 一书中创立的要素禀赋理论[①]，并于1977年获得诺贝尔经济学奖。要素禀赋理论的逻辑思路为：各国生产要素的相对丰裕度，导致各国生产要素价格的差异，而生产要素价格的差异，以及不同产品在生产过程中所使用的要素比例不同，导致各国生产同种产品成本的不同。

要素禀赋理论指出[②]，在各国生产要素存量一定的情况下，一国将出口较密集地使用其较丰裕的生产要素的产品，进口较密集地使用其稀缺的生产要素的产品。简言之，劳动相对丰裕的国家将会出口劳动密集型产品，进口资本密集型产品；而资本相对丰裕的国家会出口资本密集型产品，进口劳动密集型产品。

（二）要素价格均等化理论

要素禀赋理论中，已经包含要素价格均等化的思想。从逻辑上讲，要素价格均等化理论是要素禀赋理论的推论。20世纪40年代，保罗·萨缪尔森等完善了要素价格均等化的基本命题。

要素价格均等化理论指出，在要素禀赋理论框架下，国际贸易将使贸易参加国之间的相对和绝对生产要素价格实现均等，即不仅两国的相对要素价格能够达到均等，而且两国每种生产要素的绝对报酬也会实现均等化。这样，国际贸易便可完全替代生产要素的国际流动。

（三）斯托尔珀—萨缪尔森定理

S—S定理指出[③]，某一商品的相对价格上升，将导致该商品密集使用的生产要素的实际价格或报酬提高，而另一种生产要素的实际价格或报酬下降。

该定理对新古典贸易中只有自由贸易才能产生福利的观点提出质疑，认为在一国国内要素自由流动的条件下，该国对其使用相对稀缺要素的生产部门进行关税保护，可以明显提高稀缺要素的收入。

（四）雷布钦斯基定理

雷布钦斯基（Rybczynski）定理指出，在一个只有两种商品的世界

---

① Ohlin, Bertil G., *Interregional and International Trade*, Cambredge: Harvard University Press, 1933, pp. 243 – 269.

② 托马斯·A·普格尔、彼得·H·林德特：《国际经济学》，经济科学出版社2001年版。

③ Samuelson, Paul A., "International Faetor price Equalization Once Again", *Economic Journal*, Vol. 156, No. 62, 1949.

中，如果两种商品的价格都不变（即两种商品的贸易条件不变），一国的要素增加将促使密集使用该种要素商品的生产扩大，而削减另一种商品的产出。

该定理被看作是对要素禀赋理论的背离。因为，后者假定各国要素禀赋不变，而前者指出当一国某种要素禀赋增加时，将促进使用这种要素密集型产品的生产，由此生产可能性边界的扩大将倾向于这种产品的生产。

（五）简要评价

要素禀赋理论很好地解释了发达国家和发展中国家之间以自然资源为基础的工业品和初级产品的传统国际分工模式，成为20世纪30—70年代末国际贸易理论的典范。

生产要素禀赋理论从两个方面发展了比较利益理论。首先，生产要素禀赋理论是以两种生产要素的投入为分析前提的。因此其理论是建立在多种而不是一种生产要素基础上的。这一点与现实更加接近。其次，李嘉图理论是建立在技术差异基础上的，而生产要素禀赋理论假定各国生产同一产品的技术水平是相同的，各国间生产同一产品的成本差别是各自不同的要素丰裕度，从而是生产成本差别造成的。

三　新贸易理论

新贸易理论的分析是建立在三个与理想化的传统贸易理论完全不同的假设上：（1）用国际市场的不完全竞争代替完全竞争市场的假定；（2）用厂商生产的规模报酬递增代替规模报酬不变的假定；（3）用产品的差异性代替同质性假定。因此，新贸易理论之“新”在于，其理论突破了传统理论中完全竞争与规模报酬不变的假设，建立在不完全竞争与规模经济等全新假设之上。

1977年，迪克西特和斯蒂格利茨合作发表 *Monopolistic Competition and Optimum Product Diversity* 是新贸易理论的基石。[①] 新贸易理论的中心议题[②]在于解释第二次世界大战后出现的产业内贸易现象，认为规模经济是国际贸易的新动因。其中，市场结构是规模经济的中心问题，基于内部规模经济、外部规模经济和古诺双头垄断三种不同的市场形态，形成引发贸易的不同原因，构成新贸易理论的三个主要方向。

---

① 陈建斌：《克鲁格曼为代表的国际贸易新理论评述》，《上海经济研究》2004年第12期。

② 保罗·克鲁格曼：《战略性贸易政策与新国际经济学》，海闻等译，中国人民大学出版社2000年版，第36—64页。

（一）内部规模经济

规模经济要求生产大批量的同质产品，开展国际贸易是解决这一矛盾的最佳途径。因为国际贸易带来的全球市场，使该厂商可以专业的大规模生产某种产品的某一系列，获得规模经济，而其他国家也可以在同种产品的另一系列实现规模经济。1979 年，保罗·克鲁格曼在 *Increasing Returns, Monopolistic Competition, and International Trade* 中建立 PP—ZZ 模型，对这一观点做了准确的论述。[①] 这一理论观点意味着，在参与贸易国家的生产要素禀赋相同的条件下，国际贸易仍然可以存在。

（二）外部规模经济

企业有贸易优势或没有贸易优势的原因，不在于各国之间绝对要素优势的差异，而在于有关部门在某个时点上的发展规模。一般而言，如果一国在某个行业开展国际贸易，其发展的规模将扩大，会相应地形成一个行业的规模优势。这种外部规模经济优势[②]表现为，该行业有一个可供共同使用的劳动力队伍，它可以调剂各企业间的余缺；同时行业规模较大，有助于技术的进步和技术成果的迅速普及或采用。总之，一定的行业规模有利于资源或生产要素的共享，从而能够获得在自身企业规模不变条件下的经济利益。

（三）相互倾销理论

布兰德（J. Brander）和保罗·克鲁格曼在其著名的论文 *A Reciprocal Dunping Model of International Trade* 中指出[③]，寡头垄断厂商为实现企业利润最大化，将增加的产品产量以低于本国市场的价格销往国外市场。可见，各国开展对外贸易的原因只在于垄断或寡头垄断企业的市场销售战略。因此，即使各国生产的商品之间不存在任何差异，垄断或寡头垄断企业仍然可以出于对限度最大化的追求，开展各国之间的贸易。此时，国际贸易的结构既不受要素禀赋差别的限制，也不受生产者和消费者对差异产品追求的限制。

---

① Krugman, Paul, "Increasing Returns, Monopolistic Competition and International Trade", *Journal of International Economics*, Vol. 9, No. 4, 1979.

② Schankerman, M., "The effects of double - counting and expensing on the measured returns to R&D", *Rev Econ Stat*, Vol. 63, No. 3, 1981.

③ Brander, J. and Krugman, P., "A Reciprocal Dunping Model of International Trade", *Journal of International Economics*, No. 15, 1983, pp. 313 - 321.

（四）简要评价

新贸易理论将国际贸易理论大大推进了，其说明了传统国际贸易理论未能说明、难以说明的当代国际贸易动态发展中的一系列现象①②③，如产业内贸易。该理论的贡献主要体现在三个方面：（1）引入产业组织理论④，使国际贸易理论从完全竞争和规模报酬不变的假定中摆脱出来，市场中的不完全竞争是普遍现象，而产业领域也存在规模经济报酬递增的现象，为国际贸易的形成提供新动因；（2）证明战略性国际贸易政策所倡导的政府干预能使经济福利最大化，其系列政策的重点是保护进口，促进出口；（3）将研发要素、技术创新等改变经济函数的变量引入国际贸易，并作为一个极为重要的规模报酬变量，以论证科学技术创新对国际贸易动态发展的影响。⑤ 从技术这一最新要素的特点出发，寻找到国际贸易与规模报酬递增之间的又一联系，并给予充分证明。⑥

四　新兴古典贸易理论

（一）新兴古典贸易理论的基本内容

新兴古典经济学是20世纪80年代以来，由杨小凯等创立的新的经济学流派。新兴古典经济学放弃生产者和消费者两分的假设，引入专业化经济和交易费用，运用超边际分析的方法，将古典经济学中最有价值的分工思想形式化。基于新兴古典经济学，杨小凯对国际贸易理论进行重新思考，创立新兴古典贸易理论，又称内生贸易理论，一方面内生性贸易理论的观点继承了斯密的古典思想，另一方面该理论引入超边际分析的新工具，故此称为新兴古典贸易理论。

1991年，澳大利亚华人经济学家杨小凯等从专业化和分工的角度解释了国际贸易内生形成的原因，拓展了对内生比较优势的分析。该理论认

---

① 贾恩卡洛·甘道尔夫：《国际贸易理论与政策》，王根蓓译，上海财经大学出版社2005年版。

② Dixit, A. and Norman, V., *Theory of International Trade*, Cambridge: Cambridge University Press, 1980.

③ Egger, Peter and Hartmut, "International Outsourcing and the Productivity of Low - skilled Labor in the EU", *Economic Inquiry*, Vol. 44, No. 3, 2006.

④ Tybout, J. R., *Plant - Level and Firm - Level Evidence on "New Trade Theories"*, Oxford: Basil Blackwell, 2003, pp. 109 - 132.

⑤ Krugman, Paul, "Competitiveness: A Dangerous Obsession", *Foreign Affairs*, Vol. 73, No. 2, 1994.

⑥ 陈建斌：《克鲁格曼为代表的国际贸易新理论评述》，《上海经济研究》2004年第12期。

为，每个消费者同时又是生产者，所以国内贸易和国际贸易的基础是一样的。新兴古典贸易理论指出，无论国内贸易还是国际贸易，都是折中专业化经济与节省交易费用之间两难冲突的结果。即使所有人（既是消费者，又是生产者）都天生相同，没有外生比较优势，只要存在专业化经济，每个人选择不同专业后，都会产生内生比较优势。然而，生产专业化与消费多样化之间存在矛盾，只有通过贸易才能解决，而贸易又产生交易费用。当交易费用大于专业化经济时，贸易不能产生；贸易产生的经济条件是专业化经济大于交易费用，这时每个人选择不同的专业进行专业化，并通过贸易满足多样化的需要，贸易便产生了。随着交易效率的不断提高，贸易由地区贸易发展为国内贸易，进而国际贸易。

内生分工与专业化的贸易模型产生了如下命题[①②③]：随着交易效率不断改进，劳动分工会发展，而经济发展、贸易和市场结构变化现象都是这个演进过程的不同侧面。伴随分工的演进，每个人的专业化水平、生产率、贸易依存度、商业化程度、内生比较利益、生产集中度、市场一体化程度、经济结构多样化程度、贸易品种类及相关市场个数都会增加，而同时自给自足率下降。

（二）简要评价

新兴古典贸易理论的发展，为国内贸易和国际贸易提供了一个统一的理论内核。传统贸易理论认为，国际贸易起因于国与国之间的外生比较优势或生产要素禀赋差别等原因。按照这种理论，发达国家和发展中国家具有不同的生产和禀赋条件，它们之间应该比具有相同生产条件的发达国家之间的贸易量更大。但是，实际上，发达国家同发展中国家之间的贸易量，要远远小于发达国家之间的贸易量。这就是著名的林德贸易模式（Linder pattern of trade）。对此，新兴古典贸易理论指出，这种现象产生的真正原因在于，发展中国家的交易效率要比发达国家低。

新兴古典贸易理论的贡献主要有四个方面：（1）重新阐释绝对优势、比较优势等贸易理论中的核心概念，在一定程度上将贸易理论整合到统一框架下；（2）纠正新贸易理论中的部分错误，为其完善和发展指出了一

---

① 刘元春：《交易效率分析框架的政治经济学批判》，经济科学出版社 2001 年版。

② 迈可尔·迪屈奇：《交易成本经济学》，经济科学出版社 1999 年版。

③ 卜国琴、刘德学：《新兴古典经济学与全球生产网络的兴起》，《江苏商论》2006 年第 4 期。

条可行之路；（3）将国内贸易和国际贸易的原理统一起来；（4）解决了递增规模报酬与竞争市场的相容性问题。

五　产品内贸易理论

（一）产品内贸易理论基本内容

产品内贸易理论是建立在产品内分工基础上。赫莱纳（1973）敏锐地观察到发展中国家出口产品主要与纵向一体化国际制造业的劳动密集型专门环节相联系，该文分析的现象，实际是产品内分工早期形态和表现。赫莱纳指出，发展中国家参与全球制造业并提高其工业化水平的一条潜在道路：在跨国公司垂直一体化的国际制造业中，发展专业化的劳动密集型活动和环节。并且指出，跨国公司选择发展中国家的标准：劳动力成本、空间距离成本和政府的政策支持。

产品内分工理论成熟于20世纪90年代末，这条主线是传统的国际贸易理论框架下的产品内分工理论。琼斯和Kierzkowiski（1990）的研究是这条思路的铺垫，他们把生产过程分离开来并散布到不同空间区位的分工形态称为零散化生产。该研究得出结论，服务活动对于展开产品内分工的重要性，并指出两个因素推动生产过程分散化进程：一是比较优势因素，二是规模报酬递增因素。[①] 此后，阿恩特（1997）对全球外包和转包等产品内分工现象影响进行了研究。阿恩特认为，资本丰裕型国家将生产中的劳动密集型环节转移到劳动力资源丰富的国家，虽然减少了在外包环节相应的工作机会，却能够在生产过程的其他阶段产生更多新的工作机会，同时能够提高工资水平，并且，海外外包使本国的厂商增强了在最终产品市场上的比较优势。[②]

国内对产品内分工研究较为深入的学者当属卢峰，他（2004）提出[③]产品内分工概念，刻画和分析当代国际分工基本层面从产品深入到工序的特点，并指出产品内分工作为一种更为细致深入的国际分工形态，其分工基础和源泉是比较优势和规模经济，而决定产品内分工强度的四大因素分别是：生产过程不同工序的空间可分离性，不同生产工序要素投入比例差异性，不同生产区段的有效规模差异度和跨境进行生产活动的交易成本。

---

① 克鲁格曼：《战略性贸易政策与新国际经济学》，中国人民大学出版社2000年版。

② Arndt, Seven W., "Globalization and the Open Economy", *North American Journal of Economics and Finance*, Vol. 8, No. 1, 1997.

③ 卢峰：《产品内分工》，《经济学》2004年第1期。

（二）简要评价

产品内贸易理论的贡献有三点：（1）产品内分工概念有助于更好地解释当代经济全球化某些特征性现象，例如，当代国际贸易增长以远远高于GDP增长速度。由于产品内分工把同一产品生产过程内含的不同工序和区段，拆分到不同国家和地区进行，并通过零部件和中间产品多次跨越国界来完成，结果出现特定产品生产过程派生的国际贸易价值可能超过最终产品价值的局面。（2）供应链、价值链等重要概念，都是以大范围生产工序国际分工作为前提和基础，产品内贸易理论为经济学和管理学提供一个交叉的研究方向。（3）产品内分工概念，对于当代发展中国家经济成长实践和经验具有解释作用。产品内分工为发展中国家通过参与某些制造业部门和产品生产的简单加工区段，在符合比较优势原理基础上融入国际经济系统提供了一种新的切入点。

六 新新贸易理论

新新贸易理论以微观企业为研究对象，研究企业的全球生产组织行为和贸易、投资行为。其最突出的特征在于，假设企业是异质的①②，而异质性主要体现在生产率差异。新新贸易理论比新贸易理论之“新”体现于：该理论在不完全竞争与规模经济假设之上，又引入企业异质性。

该理论有两个分支，一是以米利茨为代表的学者提出的异质性企业贸易模型，另一个是以安特拉斯为代表的学者提出的企业内生边界模型。异质性企业贸易模型探索企业的国际化路径选择；企业内生边界模型探索企业全球组织生产选择。二者同时都研究，企业选择以出口方式还是FDI方式进入海外市场的决定因素。

（一）异质性企业模型

异质企业贸易模型解释，为何有的企业会从事出口贸易，而有的企业则不从事出口贸易的问题；探讨异质企业是如何从事国际贸易，以及贸易对企业的生产率增长和福利所产生的影响。

① 刘刚：《企业的异质性假设——对企业性质和行为基础的演化论解释》，《中国社会科学》2002年第2期。

② 普特曼、克罗茨纳：《企业的经济性质》，孙经纬译，上海财经大学出版社2009年版，第3页。

梅利茨（2003）① 建立的异质性企业模型以克鲁格曼（1980）的贸易模型和 Hopenhayn（1992）动态产业模型为基础，同时引入企业生产率差异，用来解释国际贸易中企业的差异和出口决策行为。梅利茨认为，存在异质性企业的垄断竞争贸易格局中，贸易自由可能会导致企业的再分配，进而可以提高整个经济的生产力水平。梅利茨模型分析贸易自由化下的动态效应，指出效率最高的企业通过国内国际市场的激烈竞争，不断进行技术、产品和企业组织的创新，其生产效率的进一步提高，将带来市场份额的扩大、利润的增长以及工人工资的增长，同时也导致生产要素和经济资源向其进一步集中。而那些效率低下的企业只能被淘汰出局，整个行业的平均效率，会因国际贸易的自由化而得到提升。

在梅利茨（2003）模型基础上，众多学者对异质性企业模型进行了大量创新和发展，并得出许多极具解释力的研究模型和成果，其中以赫尔普曼、梅利茨和耶普尔（Yeaple）②③ 的研究最为经典。他们三人拓展了梅利茨模型，将异质性企业引入多国多部门的贸易与投资模型中，即考虑企业的国际化策略是选择出口、FDI，或是只在国内市场销售。在模型中，各个产业都是由生产率水平不同的异质性企业组成，其中生产率水平最高的企业会选择 FDI，或者出口，或者二者结合，而生产率最低的企业则会被挤出市场，生产率居中的企业只能选择在国内市场销售，各个产业的对外开放都会使产业内的资源逐渐优化集中，并产生选择效应和利益再分配效应，促进产业的优化升级，同时也提高贸易国之间的福利水平。

（二）企业内生边界模型

企业内生边界模型，解释为何很多出口企业的贸易行为并非发生在不同企业之间，而是发生在企业内部，探讨影响企业选择公司内贸易、市场交易，还是外包形式进行资源配置的决定因素。

企业内生边界模型，最早是以安特拉斯（2003）④、安特拉斯和赫尔

---

① Melitz, M. J., "The Impact of Trade on Intra – Industry Reallocations and Aggregate Industry Productivity", *Econometrica*, Vol. 71, No. 6, 2003.

② Helpman, E., Melitz, M. J. and Yeaple, S. R., "Export Versus FDI with Heterogeneous Firms", *American Economic Review*, Vol. 94, No. 1, 2004.

③ Tybout, J. R., *Plant – Level and Firm – Level Evidence on "New Trade Theories"*, Oxford: Basil Blackwell, 2003, pp. 109 – 132.

④ Antras, P., "Firms, Contracts and Trade Structure", *The Quarterly Journal of Economics*, No. 11, 2003, pp. 1375 – 1418.

普曼（2004）[①] 两个典型模型为发端，他们共同探讨了企业的异质性是如何影响企业边界，进而影响企业内部一体化和外部一体化战略的实施。安特拉斯通过对美国进口行业的实证分析发现，美国出口企业的资本技术密集度相比进口商而言更高，这表明企业的异质性（资本、技术和契约制度）在企业国际化过程决策中发挥着重要作用。出口企业，尤其是跨国公司采用企业边界内贸易最重要的原因在于，降低市场交易成本，或出于保持技术或管理优势的垄断，或规避风险和管制需要。

在安特拉斯和赫尔普曼（2004）共同建立的模型中[②]，他们将企业进行的国际一体化战略视之为企业对内生组织边界的自发选择。也就是说，拥有异质性要素的企业会根据自身特点选择不同的要素生产和技术方式，进而选择不同的组织或契约制度。一般而言，具有资本和技术密集型特征的企业，往往倾向于采用内部一体化或垂直一体化，相应的贸易模式更多采用母公司与子公司之间，或者子公司之间的内部贸易，而对市场有较少的依赖。这就有助于解释，为什么发达国家的跨国公司有越来越集中的资本和技术垄断，以及为什么南方国家在贸易一体化程度方面远远落后于北方国家等问题。

（三）理论评价

新新贸易理论开启了国际贸易研究新领域，其贡献主要表现在四个方面：

（1）新新贸易理论是对传统贸易理论的补充，尤其是对新贸易理论的补充，新新贸易理论从异质企业角度提出了贸易所产生的影响。

（2）传统贸易理论无一例外地从国家和产业层面研究为什么进行贸易、贸易结构和贸易带来的影响，而新新贸易理论从企业这个微观层面来研究贸易的基本问题，这无疑是巨大的理论突破。

（3）新新贸易理论找到了一条提高生产率的新路径，在不提高单个企业生产率水平的情况下，一国仍然可以通过贸易来提高一个产业甚至国家的生产率水平。[③]

---

① Antras, P. and Helpman, E., "Global Sourcing", *Journal of Political Economy*, Vol. 112, No. 3, 2004.

② Ibid..

③ Head, Keith and John Ries, "Offshore Production and Skill Upgrading by Japanese Manufacturing Firms", *Journal of International Economics*, No. 8, 2002, pp. 81–105.

（4）新新贸易理论也为空间经济学的进一步拓展提供了新的方向，不难知道，新经济地理理论是在新贸易理论的基础上引入空间因素后建立的。[①]

七 小结

本节以时间为序，对主流国际贸易理论的经典文献和理论进行梳理，并探讨各阶段国际贸易理论的贡献和意义，为本书的进一步研究工作奠定了理论基础。通过研究发现，国际贸易理论发展与经济实践的发展是分不开的。换句话说，新的贸易形势的出现，将呼唤新的国际贸易理论。

在此，还有一点尚需说明。20世纪80年代后，美国哈佛大学商学院教授迈克尔·波特建立起的国家竞争优势理论[②]对国际贸易理论有重要贡献。[③④] 为何本节却未纳入分析？

该理论认为，一国的兴旺发达不仅仅取决于该国的要素状况，更取决于该国主导产业在国际市场中的竞争优势。而国家的竞争优势从根本上说是若干行业的竞争优势问题，其来源四个决定因素和两个辅助因素，前者分别是生产要素禀赋、国内需求状况、相关与辅助行业的发展以及企业的战略、结构与竞争；后者是机遇和政府作用。

笔者未对国家竞争优势理论进行分析的原因有三：

（1）竞争优势理论虽不同于比较优势理论，但二者联系紧密。比较优势理论中所论及的生产要素自然禀赋、技术水平、人力资本等方面的比较优势，无疑是形成国家、区域、企业竞争优势的源泉。

（2）国际贸易纯理论的研究，通常是依据国际贸易产生的原因、国际贸易的结构和国际贸易的结果三个方面进行分析，而竞争优势理论专注讨论多种产生贸易的原因，研究视角与传统理论不同。

（3）国际贸易作为经济学的一个二级学科，其分析方法都是遵循经济学的方法，相关理论的研究都围绕理论分析和模型实证，而竞争优势理论更倾向从管理学角度构建理论，没有相应的经济模型。

---

① 迈克尔·波特：《竞争优势》，陈小悦译，华夏出版社1997年版。

② 杜慕群：《资源、能力、外部环境、战略与竞争优势的整合研究》，《管理世界》2003年第10期。

③ 盛晓白：《简评竞争优势理论》，《国际贸易问题》1998年第9期。

④ 熊伟：《新国家竞争优势论：当今国际贸易的理论基础》，《财经理论与实践》2004年第3期。

因此，国家竞争优势理论未纳入本节的研究范围，但该理论的重要性是毋庸置疑的。

第二节　国际贸易理论局限性综述

在国际贸易学领域，提出了众多理论和观点，依据理论提出的时间不同以及分析视角不同，进而形成五个有代表性的理论阶段，分别为古典贸易理论、新古典贸易理论、新贸易理论、新兴古典贸易理论和新新贸易理论。每类国际贸易理论，都从不同视角研究国际贸易的现象，虽有巨大的理论贡献，但都或多或少地存在理论或历史的局限性。本节对各类国际贸易理论的局限性做一综述。

一　古典国际贸易理论的局限性

佟家栋（2007）指出[①]，李嘉图的比较利益理论有理论和历史的局限性。首先，李嘉图从劳动价值论出发，假定在生产中只投入一种生产要素——劳动力。尽管简化了分析，但也影响了对问题的进一步说明。固然，在假定只投入一种生产要素的条件下，劳动生产率直接表现为技术差异，从而表现为生产单位产品的成本差异，或表现为单位时间生产产品量的差异，但是，在现实中，人类社会在技术上的差异，首先表现在生产工具水平差异方面。因此，技术差异表现为劳动生产率，特别是只表示为劳动力的生产率差异的概念比较难以接受。其次，在李嘉图的分析中，仍然假定机会成本不变，而现实是，生产要素在部门间的转移将改变生产要素在部门间的组合，从而出现适应新部门生产的成本。

熊伟（2004）指出[②]，由于比较成本论与资源禀赋论的前提条件与现实相去甚远，将复杂动态的国际贸易作简单静止的分析，以致它们作为国际贸易理论基石的地位早已动摇，体现在两个方面：一是无法解释第二次世界大战后的国际贸易现象，比如水平贸易、产业内贸易、非价格竞争、各国比较优势产业的变化等。二是“比较优势陷阱”出现了：（1）落后国家产业结构永远落后，无法通过对外贸易带动国民经济长期有效发展。

---

① 佟家栋：《国际贸易理论的发展及其阶段划分》，《世界经济文汇》2000 年第 1 期。

② 熊伟：《新国家竞争优势论：当今国际贸易的理论基础》，《财经理论与实践》2004 年第 3 期。

发展中国家的出口依赖发达国家的增长速度，造成前者对后者的依附。（2）落后国家低层次的产业结构决定了其出口商品以初级产品、劳动密集型产品为主，贸易条件持续恶化，其贸易利益日益减少。

赵梅（2010）认为①，以绝对优势理论和比较优势理论为代表的古典贸易理论在解释国际贸易基础、揭示生产和贸易模式的决定因素等方面做出了积极的理论贡献。但仍存在明显缺陷，如没有考虑除劳动以外的资本、技术等其他要素的作用等。古典贸易理论受特定时代的生产方式因素和社会展状况认知程度的制约，其过于苛刻的假定前提削弱了理论在现实中的适用性。

二 新古典国际贸易理论的局限性

杨小凯和张永生（2001）认为②，比较禀赋优势说之所以被推翻，是因为它企图用资源禀赋预见一般均衡的数量和贸易结构，而一般均衡是技术、禀赋、嗜好、交易效率等多个参数经由价格、数量之间无数反馈圈形成，根本找不出普适的规律。

佟家栋（2007）认为③，生产要素理论也有不完善的一面。（1）生产要素禀赋模型的分析只假定投入两种生产要素，而实际上，生产要素的种类更多。（2）生产要素理论忽视了一国在特定生产要素丰裕度下，从动态的角度出发，如何从自给自足转向自由贸易。该理论实际上是从现有贸易结构反推比较利益形成的基础。（3）生产要素禀赋理论在分析过程中，为了说明问题，引进了价格问题，增加了问题的复杂性。

彭徽（2012）指出④，新古典贸易理论有两点局限：（1）虽引入资本要素，但与现实的多种生产要素仍有差距；（2）假定要素密集度不能逆转，在现实中出现里昂惕夫之谜。

三 新贸易理论的局限性

胡永刚（1999）指出⑤，一直以来，对产业内贸易这种现象和理论持

---

① 赵梅：《国际贸易理论演变的逻辑分析》，硕士学位论文，云南大学，2010 年，第 19—21 页。

② 杨小凯、张永生：《新贸易理论、比较利益理论及其经验研究的新成果：文献综述》，《经济学》2001 年第 1 期。

③ 佟家栋：《国际贸易理论的发展及其阶段划分》，《世界经济文汇》2000 年第 1 期。

④ 彭徽：《国际贸易理论的演进逻辑：贸易动因、贸易结构和贸易结果》，《国际贸易问题》2012 年第 2 期。

⑤ 胡永刚：《贸易模式论》，上海财经大学出版社 1999 年版，第 161—162 页。

怀疑的大有人在。一些经济学家将产业内贸易看作一种统计现象，认为它由贸易商品的不正当分类造成。另一些经济学家则试图在赫克歇尔—俄林理论的基础上来说明产业内贸易。因为产业内贸易毕竟不是仅仅发生在要素禀赋相似的国家之间，同时也发生在要素禀赋不同的发达与不发达国家之间。

杨小凯和张永生（2001）提出①，DS 模型有一个很大的不足，它不能内生国内贸易向国际贸易的转变。按照他们的理论，既然国际贸易的好处是如此明显，为什么人们一开始不直接选择国际贸易，而偏要从国内贸易开始？因此，他们只能将人们为什么最开始会拒绝国际贸易的原因归结于“某种障碍”。但是，他们的模型中并没有代表这种障碍的变量或参数。在这种模型中，所有消费者永远会在一个统一的市场中购买所有产品，每个垄断性厂商会向每个消费者卖他的产品，所以相互区隔的地方市场永远不会在均衡中出现。也就是说，市场一体化、全球化程度没有内生，即使交易效率改进、人口增加，市场一体化程度也不会演进。这种模型也不能解释个人和厂商专业化水平的变化。

佟家栋（2007）指出②，新贸易理论暗含着一个基本的政策基础，即由于产业内贸易结构和利用获得程度的不确定性，政府对特定产业，特别是对容易形成产业或企业规模经济的部门的保护，可能造成本国占据国际分工和贸易的优势地位。

四　新兴古典国际贸易理论的局限性

熊伟（2004）指出③，新兴古典贸易理论在一定程度上解释了传统贸易理论无法解释的林德贸易模式，即发达国家与发展中国家之间的贸易量远小于发达国家之间的贸易量，这种现象的根本原因在于发展中国家的交易效率比发达国家高。但是，该理论的假设前提是每个人或每个国家先天条件一样，分工与贸易是后天自发产物。它忽略了为什么最初有的人或有的国家分工时会选择生产这种产品而不是那种产品，这难道与各人或各国的先天条件即资源禀赋毫无关系吗？另外，该理论中毫无人为干预的色

---

① 杨小凯、张永生：《新贸易理论、比较利益理论及其经验研究的新成果：文献综述》，《经济学》2001 年第 1 期。

② 佟家栋：《国际贸易理论的发展及其阶段划分》，《世界经济文汇》2000 年第 1 期。

③ 熊伟：《新国家竞争优势论：当今国际贸易的理论基础》，《财经理论与实践》2004 年第 3 期。

彩，与现实不符。

彭徽（2012）指出[①]，新兴古典贸易理论的局限有三：

（1）为达到数学上的严谨和理论上的完美，新兴古典框架做出了一些较强的假定。

（2）关于劳动分工演进的许多数据，无法从现有的统计资料中获得，实证分析困难。

（3）虽能解释国内贸易向国际贸易的转变，但这是对国际贸易观察的反推结论，正如杨小凯借用爱因斯坦的一句名言："不是经验观察为理论研究提供基础，而是理论研究决定我们可观察到什么。"该理论对于实际经济问题，可能缺乏足够的解释力。

五　新新贸易理论的局限性

孙艳琳（2009）认为[②]，新新贸易理论在以下两方面有待进一步完善：

（1）过于强调企业边界，而国际经济实践是跨国企业自制或外包采购，从而造成企业边界可能跨越国家界限，跨越国界的资源配置必将对企业的生产率提高和贸易所得增大有新的影响作用；

（2）理论假定国内进入的沉没成本小于出口沉没成本，因而分析中的内在逻辑是：企业先在本国市场销售实现利润，待生产率提高后再进入国外市场，这与中国当前出口现状有些相悖。

当前，中国相当比例的企业放弃国内市场经营，仅以承接跨国企业价值链分工最低环节的方式进入国外市场，由于跨国企业在海外有广阔的销售网络，而企业与跨国公司之间有固定的契约关系，直接导致企业出口的沉没成本可能小于企业进入国内市场的沉没成本。所以，新新贸易理论在研究发展中国家贸易所得时，关于沉没成本的假设应作修改。

李春顶（2010）认为[③]，新新贸易理论还处于发展初期，有三点还需要完善：

（1）理论的框架需要进一步完善，目前的模型建立在较多假设的基

---

① 彭徽：《国际贸易理论的演进逻辑：贸易动因、贸易结构和贸易结果》，《国际贸易问题》2012 年第 2 期。

② 孙艳琳：《西方新新贸易理论的特点及其实践意义》，《武汉理工大学学报》2009 年第 10 期。

③ 李春顶：《新新贸易理论文献综述》，《世界经济文汇》2010 年第 1 期。

础上，对于很多现实的复杂情况并未考虑，且部分假设与现实不符。

（2）理论对于很多现实问题的解释力度还不够，尤其在企业差异上选择的变量较少，仅仅从单方面的差别分析问题，说服力和可信度不高。

（3）理论的模型还需要实证的进一步检验，由于企业数据获取的困难，实证检验涉及面不广，还需进一步的证据来证明理论的结果。

邓翔和路征（2010）认为①，尽管新新贸易理论体系正在逐渐完善，但其较为严格的假设前提仍然导致解释力的局限性。

首先，该理论没有充分考虑产品差异性，产品的差异不仅体现在产品的功用上，还体现在技术含量、功能多样性、质量、档次等方面，现代企业越来越重视产品差异化和市场细分，将市场分为高端和低端，一些企业的产品主要销往高端市场，而一些企业产品销往低端市场，新新贸易理论还不能解释如技术含量等差异带来的产业内贸易现象。

其次，新新贸易理论还有待引入企业异质性的其他内涵，企业异质性不仅体现在生产率、企业规模、组织结构等方面，还体现在跨国经营方式（出口、FDI、独资、合资等）、企业战略、市场定位等方面。最后，没有考虑家庭和企业的动态最优化决策，新新贸易理论的均衡是一般均衡分析法下得到的结果，没有考虑家庭和厂商的动态最优化均衡。

六　小结

综上所述，各阶段国际贸易理论都或多或少有局限性，归纳起来，主要体现在三个方面②：

（1）理论假设。一方面是假设过于简单，如古典贸易理论假定只有劳动一种生产要素、新兴古典贸易理论假定每个人或每个国家先天条件一样；另一方面是假定不符合现实，如古典贸易理论假定完全竞争市场、新新贸易理论假定国内进入的沉没成本小于出口沉没成本。

（2）模型变量不足。如 DS 模型中并没有代表“障碍”的变量或参数、新新贸易理论对企业差异性选择的变量较少。

（3）理论缺少动态视角。如古典贸易理论在动态下会产生“比较优势陷阱”问题、新古典贸易理论不能解释从自给自足转向自由贸易的动态过程。

---

① 邓翔、路征：《新新贸易理论的思想脉络及其发展》，《财经科学》2010 年第 1 期。

② 张二震：《国际贸易分工理论演变与发展评述》，《人大报刊复印资料》2003 年第 8 期。

第三节　全球供应链下国际贸易理论的局限性

随着社会和经济的发展，国际贸易理论也在不断发展，不断适应新的经济形势，这是国际贸易理论发展的根本动力。通过第三章第二节的论述可知，各阶段国际贸易理论都存在部分局限性，且从不同的视角审视理论，其局限性也不同。随着经济全球化的深入发展，全球供应链贸易成为新的贸易模式，在该视角下，国际贸易理论能否解释当今的国际贸易现象？能否适应当今的经济形势？

通过第二章第四节的分析可知，钢铁贸易符合全球供应链贸易的特征，是一种全球供应链贸易。本节以钢铁产业的全球供应链贸易为例，联系主流国际贸易理论进行实证分析，尝试揭示在全球供应链的视角下主流国际贸易理论的局限。

一　新视角下古典贸易理论的局限性

比较优势理论认为，任何产品上均有优势的一国，应专门生产其相对优势最大的产品，而另一国生产相对劣势较小的产品，即按照“两优取其重、两劣取其轻”的原则进行分工。比较优势学说虽被保罗·萨缪尔森称为“国际贸易不可动摇的基础”，但其暗含特定产品的所有生产过程必须在特定国家内部完成的假设（卢峰，2004）①，无法解释基于产品内分工的全球供应链贸易。

以钢铁贸易为例，根据比较优势理论，具有生产粗钢的比较成本优势的一国，应专门且独立地生产粗钢并出口，进口具有比较劣势的另一国专门且独立生产的产品。而现实是，粗钢的生产需要采矿和冶炼两道主要工序，中国并未独立生产粗钢。2007—2009 年，中国生产粗钢分别为 4.9 亿吨、5.1 亿吨和 5.8 亿吨，占世界总产量分别为 36.4%、38.2 和 46.7%；而三年进口铁矿石分别为 3.83 亿吨、4.44 亿吨和 6.28 亿吨，占世界总贸易量分别为 44.8%、47.6% 和 65.3%。可知，中国不仅冶炼大量粗钢，也进口大量的铁矿石，即中国参与钢材生产的冶炼环节，并未独立地生产。显然，针对产业间贸易的古典国际贸易理论，无法解释中国成

---

① 卢峰：《产品内分工》，《经济学》2004 年第 1 期。

为钢铁贸易大国的现象。

二　全球供应链视角下新古典贸易理论的局限性

要素禀赋理论提出，如两国要素存量比率不同，即使两国资本、劳动力的劳动生产率完全相同，也会产生国际贸易。该理论认为，国际贸易是以生产要素丰裕度的不同为基础，各国都应生产其要素相对充裕的产品并出口，进口其要素相对稀缺的产品。

同样以钢铁贸易为例，根据要素禀赋理论，钢铁生产要素充裕的国家应专业化生产钢铁，生产要素稀缺的国家应大量进口钢铁。众所周知，钢铁的生产需要大量的铁矿石资源。中国作为世界第一的产钢大国，却也是世界第一的铁矿石进口国，2009 年进口量甚至达到世界铁矿石贸易量的 65.3%。而日本的情况更是极端，2009 年进口铁矿石 1.05 亿吨，进口依存度几乎 100%，却生产粗钢 0.87 亿吨，排名仅次于中国。缺少铁矿石的国家却发展成为世界钢铁中心，要素禀赋理论难以解释中国和日本的钢铁贸易大国的成因。

三　全球供应链视角下新贸易理论的局限性

新贸易理论指出，即使两国的初始条件完全相同，没有比较成本和要素禀赋差异，但如果存在规模经济，两国同样可以选择不同的专业进行分工，开展贸易。此时，扩大生产规模从而获得规模效应，成为国际贸易的驱动力。

通过国际贸易扩大生产规模，获得规模经济效应，这是中国发展成为钢铁贸易大国的主旋律吗？在此，分别从出口数量和出口比重两个方面，分析出口对生产的拉动作用。

2006—2012 年，中国钢材产量由 4.2 亿吨增至 7.1 亿吨，产量占全球的比重，也由 33.7% 增至 46.4%，生产规模显著扩张。而中国出口钢材，2006 年为 5170 万吨，2012 年为 5479 万吨，出口量占全球的比重，也仅由 12.4% 增至 13.3%。可知，出口数量的增长，并不能解释生产规模的大幅扩张。

2006—2012 年，钢材出口数量占国内生产的比重也不高，分别为 12.3%、13.6%、11%、4.2%、6.5%、7% 和 7.6%。可知，伴随着生产数量的不断增加，出口比重却出现下降的趋势，出口对生产的拉动作用趋于减弱。

可见，国外钢材需求对钢材总需求数量贡献不大，且出口比重反倒出现下降的趋势，这并不能有效支持新贸易理论。换句话说，基于规模经济的新贸易理论也遇到局限。

四 全球供应链视角下新兴古典贸易理论的局限性

新兴古典贸易理论指出，随着交易效率的不断改进，劳动分工会发展，内生比较利益会随着分工的发展不断被创造和增进，而经济发展、贸易和市场结构变化现象都是这个演进过程的不同侧面。其理论的前提是“国际贸易比国内贸易平均而言，交易费用更高”，所以国际贸易是随着国内贸易的扩大而产生。

中国钢铁产业的发展，确如杨小凯所描述，先国内贸易再国际贸易？本书分别对2007年和2009年中国各区域市场钢材输入和输出情况加以分析，数据见表3－1。

表3－1　2007年和2009年中国各区域市场钢材输入和输出情况

单位：万吨

区域	2007年			2009年		
	供应本地区	区域间净输出	出口	供应本地区	区域间净输出	出口
华北	3464	1808	458	6310	5455	346
东北	1400	1255	507	1740	2088	237
华东	7044	－1932	920	7100	－7559	301
中南	2600	－1053	467	4418	774	262
西北	814	71	88	1247	－70	6
西南	1400	－149	56	1851	－688	40

资料来源：杜立辉：《2000—2009年中国钢铁产业布局变化及国际比较》，《冶金经济与管理》2010年第5期。

依据表3－1可知，针对华北、东北、华东、中南、西北和西南六个产钢区域中，2007年，华东、中南和西南三个地区，都出现不仅存在区域净输入的情况，还存在一定的出口，且出口占区域净输入的比例在38%—48%。这一现象反映出，上述三个区域在本地需求尚未满足情况下，还存在大量出口。换句话说，三个区域的部分钢铁企业，在国内贸易和国际贸易之间，优先选择了后者。

再分析2009年的情况，华东、西北和西南地区，具有不仅存在区域净输入，还存在一定出口的情况。不过，出口占区域净输入的比例比2007年低得多，在4%—9%之间。这一现象同样反映出国际贸易并非是国内贸易的后续产物。

按照新兴古典贸易理论，由于国际贸易的成本高于国内贸易，所以应当是在满足国内需求的前提下，才会开展成本更高的国际贸易，实现"国际贸易内生于国内贸易"。显然，2007年和2009年，中国钢铁产业的实践并不支持新兴古典贸易理论。

五　全球供应链视角下新新贸易理论的局限性

新新贸易理论提出，高生产率企业能更好地克服国际贸易的成本，获得比低生产率企业更多的利润，而随着低生产率企业的淘汰，更多生产要素转移到高生产率企业，给企业带来更多的利润。可见，企业的异质性是国际贸易产生的重要原因，且米利茨指出，企业边际生产成本（生产率）的差异是企业异质性的重要体现。

而在中国的钢铁贸易中，不仅有钢铁生产企业，还有许多非钢铁生产企业。在海关公布的2011年上半年钢铁业百强出口企业榜单的前20名中，排名13位的大连今冈船务工程有限公司、排名18位的大宇造船海洋（山东）有限公司和排名20位的中国石油技术开发公司，它们都不是钢铁生产企业，都不具备以边际生产成本为代表的企业异质性。显然，新新贸易理论此时也无能为力了。

综上所述，面对新的全球供应链贸易，各阶段国际贸易理论都难以做出令人信服的解释，反倒凸显国际贸易理论的局限性。理论的局限性，推动着进一步深入的思考。

第四节　本章小结

本章采用归纳方法，通过对主流贸易理论的分析，归纳经典国际贸易理论的局限性，并依此类推，对全球供应链视角下的国际贸易理论的局限性进行分析。本章共分三节，首先，依据经典理论，对各阶段国际贸易理论的思想进行梳理和评价；其次，综述主流国际贸易理论的不足之处；最后，以钢铁的全球供应链贸易为依据，揭示全球供应链贸易的视角下主流国际贸易理论的局限性。各部分的主要内容如下：

第一节以时间为序，对主流国际贸易理论的经典文献和理论进行梳理，并探讨各阶段国际贸易理论的贡献和意义，为本书的进一步研究工作奠定了理论基础。通过研究发现，国际贸易理论的发展与经济实践的发展是分不开的。换句话说，新的贸易形势的出现，将呼唤新的国际贸易理论。

第二节对国际贸易理论的局限性进行综述，归纳起来，主要体现在三个方面：

（1）理论假设。一方面是假设过于简单，如古典贸易理论假定只有劳动一种生产要素、新兴古典贸易理论假定每个人或每个国家先天条件一样；另一方面是假定不符合现实，如古典贸易理论假定完全竞争市场、新新贸易理论假定国内进入的沉没成本小于出口沉没成本。

（2）模型变量不足。如 DS 模型中并没有代表“障碍”的变量或参数、新新贸易理论对企业差异性选择的变量较少。

（3）理论缺少动态视角。如古典贸易理论在动态下会产生“比较优势陷阱”问题、新古典贸易理论不能解释从自给自足转向自由贸易的动态过程。

第三节运用主流国际贸易理论，分析典型的全球供应链的钢铁贸易，揭示在全球供应链的视角下，包括古典贸易理论、新古典贸易理论、新贸易理论、新兴古典贸易理论和新新贸易理论的主流国际贸易理论的局限性。

通过本章分析，揭示了在全球供应链视角下主流国际贸易理论的局限性。那么，全球供应链视角下国际贸易理论局限性的成因，自然成为急需思考的问题，这将在第四章中进行讨论。

第四章　国际贸易理论局限性的成因和发展

国际贸易理论已历经二百余年的发展。每一个国际贸易理论的提出，都适应了当时的国际经贸形势，但随着新的全球供应链贸易的出现，国际贸易理论的局限性逐渐显现。本章尝试揭示全球供应链视角下主流国际贸易理论的局限性，并发展主流国际贸易理论，解释钢铁的全球供应链贸易。

值得深思的是，在全球供应链视角下，主流国际贸易理论局限性的成因，即有何立论基础受到挑战？在新视角下，主流国际贸易理论是应继续发展，还是束之高阁？

第一节　全球供应链对理论假设的冲击

经济理论成立与否的关键在于前提假设，质疑一个理论的最好方法就是质疑其假设。通过第三章分析可以得知，在全球供应链视角下主流国际贸易理论的局限性。而局限性的成因，正是其理论假设不再适应新的全球经济一体化和国际分工精细化的经济形势。基于全球供应链的视角，主流国际贸易理论的假设前提受到的冲击，主要体现在产品内分工、要素跨国流动、供应链出口以及交易成本变化四个方面。

一　产品内分工

（一）产品内分工的概念

赫莱纳（1973）敏锐地观察到①，某类出口产品主要与纵向一体化国

① Helleiner, G. K., "Manufactured Exports From Less - developed Countries and Multinational Firms", *The Economic Journal*, Vol. 329, No. 83, 1973.

际制造业的劳动密集型专门环节相联系，该文观察分析的现象，实际是产品内分工早期形态和表现。苏格（Finger，1975）研究美国20世纪60年代出现的“海外组装操作”（offshore assenbly operation），也是产品内分工的早期表现。1997年，阿安特首次提出产品内分工（intra - product Specialization）①，但未对这个术语进行深入解释。

罗伯特·C. 芬斯特拉（Robert C. Feenstra，1998）较全面地分析产品内分工的思想。笔者指出，近几十年来，全球经济一体化程度正随着贸易的增长而不断提升。不管是美国，还是OECD国家，贸易占GDP的比重都翻番了。一般，大国有独立的工业体系，大国的贸易比重会小于小国。但事实证明，大国从国际贸易中获得了比小国更多的收益。究其原因，是全球化下贸易不断整合，其生产零散化加剧。

格罗斯曼和赫尔普曼（Grossman and Helpman，2002）对产品内分工的研究做出了重要的贡献。笔者构建一个企业组织方式的内生模型，无论垂直化分工的企业，还是水平分工的企业，都可以生产异质的产品。产品在生产中是由各种特殊的部分组成，垂直化分工的企业可以很好地整合生产所需的各种资源，但会面临较高成本。如此分工的企业，可以获得较低的生产成本，但将面临较高的搜寻成本和供应链的维系成本。

2004年，卢峰在《产品内分工》中首次深入讨论产品内分工②，指出产品内分工是一种特殊的经济国际化演进过程或展开结构，其核心内涵是特定产品生产过程的不同工序或区段，通过空间分散化展开跨区或跨国性的生产链条或体系，从而使越来越多国家或地区企业参与特定产品生产过程不同环节或区段的生产或供应活动。国内普遍接受卢峰的观点，在无特殊说明下，本书“产品内分工”沿用其观点。

（二）产品内分工与全球供应链贸易的联系

依据第二章第二节第一部分对“全球供应链贸易”的定义，产品内国际分工是全球供应链贸易运转的基本原则，可视之为理论的基石。产品内分工与全球供应链贸易的联系体现在两个方面：

其一，产品的范畴一致。卢峰认为，产品可分为一级产品和二级产品。一级产品是能独立发挥某种消费和生产功能的物品。二级产品在自身

---

① Arndt, Seven W., “Globalization and the Open Economy”, *North American Journal of Economics and Finance*, Vol. 8, No. 1, 1997.

② 卢峰：《产品内分工》，《经济学》2004年第1期。

形态上不具备独立的消费和生产功能，但是通过组装、连接或加工等程序，以原生或转换形态构成一级产品的特定组成部分。对比供应链的概念（参见第二章第二节第一部分），其中原材料和中间产品就是二级产品，而最终产品则是一级产品。因此，产品内分工和全球供应链贸易中“产品”的含义是基本相同的。

其二，生产过程的含义一致。卢峰认为，生产过程的广义理解是：包含产品设计、制造、流通，最后到达消费对象的整个流程，即包含供应链概念所涵盖的经济活动。而对比供应链的概念，产品内分工和全球供应链贸易的“生产过程”的含义也是基本相同的。

由此可知，全球供应链的生产表现为二级产品（原材料和中间产品）在各个节点企业中流转，并最终制成一级产品送达消费者的过程，当“流转”和“交换”跨越国界，则体现为全球供应链贸易，即产品内国际分工是一种新的国际分工方式，而全球供应链贸易正是基于新分工方式的贸易方式。

（三）产品内分工与主流贸易理论的区别

国际贸易是社会分工发展到一定阶段，国民经济内部交换超越国家界限发展的结果。按照分工的细化程度，国际分工可归纳为产业间分工、产业内分工和产品内分工三种形式。

产业间分工（Inter - industry Specialization）是国际分工产生和发展的最初阶段，是指各个国家按照要素结构或相对价格差异在不同产业间进行分工，通常形成以垂直分工为特征的国际分工格局。产业间分工是产业间贸易的理论基础，主要由以绝对优势和比较优势理论为核心的古典国际贸易理论，以及以要素禀赋理论为核心的新古典贸易理论来解释（参见第三章第一节第二部分）。

产业内分工（Intra - indusrry Specialization）是基于不完全竞争市场和规模效应下，不同规格、不同款式的同类产品之间的专业化分工，通常表现为发达国家之间的水平贸易。产业内分工是产业内贸易的理论基础，主要由以不完全竞争和规模经济为核心的新贸易理论解释。这两种分工形式都是研究最终产品的分工和交换，暗含某种产品只在某国独立完成的假设。

产品内分工与上述两种分工的区别在于[①][②]：（1）产品内分工研究的是中间产品的交换或中间环节的分工；（2）产品内分工中，生产的分工既可以在同一国家或产业之中，也可以散落于不同的国家和产业间。

可见，当产品内的不同分工属于同一产业，产品内分工表现为产业内分工的深入；当产品内的不同分工属于不同产业，产品内分工表现为产业间分工的深入，因此，比较优势（要素禀赋视为对比较优势的解释）、规模经济也可以用来解释产品内国际分工的成因。

二　要素跨国流动

（一）要素跨国流动的概念

经济学所指要素一般为生产要素，即进行物质资料生产的所必须投入的有形或无形的各种投入。生产要素理论经历了早期的劳动单一要素论，到资本、土地与劳动的三要素论，再到现在普遍认同的土地、资本、劳动、组织、技术和信息的六要素论。

杜肯堂（2004）指出[③]，区域要素流动是可流动的区域经济发展要素，在区内和区域之间的地域空间的位移。从增长意义上讲，是区域要素在区内和跨区域的优化配置；从流通的意义上讲，是具有比较优势的商品和劳务超越本地要素市场，向更广大的区域市场扩展。在市场经济条件下，区域要素的优化配置是通过市场来实现的，区域要素流动也主要是在区域市场和区际贸易中实现的。

孙军和王先柱（2010）指出[④]，从流动过程中与其所有者分离程度不同的角度，将生产要素的流动分为脱离所有者流动和不脱离所有者流动两种形式。前者的典型形式是资本流动及劳务输出，后者则主要是指非劳务输出的劳动力转移，两者的重要区别在于是否涉及要素所有者的社会福利问题。但很显然，由于替代作用和各种要素内在的关联性，生产要素的流动禀性更为丰富。一方面，各种要素的流动禀性差异巨大，有的流动性极强，有的则几乎不发生流动；另一方面，各种生产要素的流动也不是单独

① 黄泰岩、李鹏飞：《模块化生产网络对产业组织理论的影响》，《经济理论与经济管理》2008年第3期。

② 盛洪：《分工与交易：一个一般理论及其对中国非专业化问题的应用分析》，上海人民出版社1994年版，第63—68页。

③ 杜肯堂：《区域经济管理学》，高等教育出版社2004年版，第198页。

④ 孙军、王先柱：《要素流动的层次演进与区域协调发展》，《云南财经大学学报》2010第2期。

孤立地进行的，而是呈交织、依存状态。

王光龙（2011）将要素流动的定义如下[①]：经济要素流动是指能引发企业或区域显著经济效益变化的经济要素权属、功能、空间的转移行为。王光龙并指出：（1）引发企业或区域显著经济效益变化，既包含企业或区域增加的经济效益变化，也包括减少的经济效益变化。（2）那些不能带来明显经济效益变化的经济要素权属、功能或空间转移，不构成经济要素流动的研究对象。例如，私人住房产权的赠予行为。（3）经济要素流动不以经济要素的空间改变为必要条件。例如，某企业的厂房原是从事服装加工的，现在转向从事家电生产，实现了行业间流动。（4）经济要素流动不包括消费性的商品流动或交易行为。也就是说，经济要素流动始终是一种要素投入活动。

笔者认为，"生产要素"是一种经济要素，在生产过程中应当引起经济效益的显著变化；而"跨国流动"不应仅仅涵盖空间的位移，产权转移也是流动的形式。因此，笔者倾向于王光龙的观点。

（二）要素跨国流动与全球供应链贸易

经济全球化是要素跨国流动和全球供应链贸易的共同前提条件。从不同角度出发，经济全球化有多种定义，但普遍接受的一种观点是[②]：经济全球化是指资本、劳动力、技术、知识、信息等要素在全球范围内自由流动，各要素统一的世界市场逐渐形成、各国间经济联系日益紧密的过程。

经济全球化时代，对要素跨国流动产生两方面的重要影响。一方面，经济全球化为要素跨国流动提供硬件和软件条件。随着交通通信水平的提高，以及金融工具创新和资本流动保障措施的完备，使要素跨国流动成为可能。同时，随着各国经济对外开放的不断深入，各种关税壁垒和非关税壁垒逐渐削减，也为要素流动降低了交易成本大开方便之门。另一方面，使得要素跨国流动成为现实需求。随着经济生产过程的复杂性和全球性，而任何国家无法拥有全部的生产要素，这一特征使得要素在世界市场范围内流动加剧。[③]

因此，在经济全球化程度较低时，要素国际流动性弱，各个国家只能

---

① 王光龙：《论经济要素流动：结构、原则、效应与演进》，《江海学刊》2011 年第 4 期。

② 邹全胜：《要素演进与开放收益》，博士学位论文，上海社会科学院，2007 年。

③ Langlois, N. and Roberton, P., *Firms, Markets and Economic Change*, London: Routledge, 1995, pp. 132 - 149.

凭借初始生产要素禀赋嵌入全球供应链中，初始生产要素禀赋成为供应链国际分工和国际贸易的重要依据。而随着经济全球化的不断提升，要素流动性不断增强，本国初始要素和进口要素共同构成一国生产要素禀赋，最终，全球供应链贸易的分工方式不再受限于初始要素禀赋。

综上所述，要素跨国流动是经济全球化下的一种表现，而全球供应链贸易正是基于要素跨国流动的一种贸易方式。

（三）要素跨国流动与新古典贸易理论的区别

最早研究要素流动的，是国际贸易中的绝对优势和比较优势理论，从国与国之间的商品贸易与要素流动角度探讨国际分工与合作。绝对优势和比较优势理论共同假定：生产要素可以在国内流动，但不可跨国流动。

要素禀赋理论不仅假定要素可国内流动，不可国际流动；且假定商品的要素密集度不发生改变。该理论忽视要素的跨国流动，且忽视产品中要素结构的动态变化，将国际贸易解释为各国初始生产要素禀赋。

要素价格均等化理论同样是假设要素不可跨国流动，随着国际贸易的开展，以商品为外在表现形式的生产要素得以间接的跨国流动，当某种丰裕的要素流入该种要素的稀缺国家，丰裕要素由于要素流出而在母国的价格提升，而稀缺国家的要素价格由于要素流动而降低。

但是，在经济全球化下，随着硬件、软件和相关制度的建立，要素跨国流动的阻碍不断减少，流动成本也大幅下降。甚至要素跨国流动已经成为全球化生产的必要条件。要素跨国流动扩展了新古典贸易理论的研究边界，成为研究国际贸易问题的新视角。

三　供应链出口

出口，通常指向非居民提供他们所需的某种产品和服务，目的是扩大生产规模、延长产品的生命周期。①

供应链出口包含两层意思：一是出口的商品是依托供应链生产的最终产品；二是出口的最终商品中，包含大量的中间品贸易。供应链出口对贸易理论假设的挑战，体现在生产方式和出口商品两方面。

（一）出口产品的生产方式不同

生产方式，是指社会生活所必需的物质资料的获得方式，在生产过程

---

① Vernon Raymond, "International Investment and International Trade in the Product Cyele", *Quarterly Journal of Eeonomics*, No. 5, 1966.

中形成的人与自然界之间和人与人之间的相互关系的体系。主流国际贸易理论认为“生产”是某个企业独立完成的。比如，新新贸易理论认为，企业自身的异质性导致国际贸易。

而依据第二章第一节中供应链的定义，供应链生产过程是对信息流、物流和资金流的控制和整合过程，其中供应商、制造商、分销商和零售商凭借各自的核心竞争力嵌入供应链之中。核心竞争力是企业借以在市场竞争中取得并扩大优势的决定性力量，但其表现形式多种多样，可以是生产技术、组织能力、财务技巧、信息渠道、品牌经营、客户资源等。

供应链生产方式与一般生产方式的区别在于①②③：供应链生产中的任何一个企业只是承担最终产品的生产过程中的一个环节，或是提供原材料，或是加工中间品，或是信息收集，而不同于一般的生产，企业承担全部的生产过程。如鞍山钢铁公司只是承担钢铁生产中的冶炼和锻造过程，而作为原材料的铁矿石，则由签有长期供货合同的澳大利亚的矿山公司提供。

可见，供应链生产方式超越了单一企业内部生产界限，供应链企业间的协作生产方式代替了企业的单独生产方式。

（二）出口产品的产品内涵不同

主流贸易理论所描述的出口“产品”通常指最终形态的商品，如钢材、船舶和汽车。依据联合国《国际贸易商品标准分类》（Standard International Trade Classification，SITC），将“产品”定义至组，即三位数为一个产品（分类方法在后续章节详细说明），如钢材出口，其中钢材包括长材、板带材、管材、铁道用材和其他钢材。显然，此时“产品”表现为一种一级产品（见第四章第一节第一部分）。

同样，依据第二章第一节第一部分中供应链的定义，供应链是从采购原材料开始，到制成中间产品至最终产品销售的全过程，不同于一般出口中的“产品”，其出口的产品可以表现为一级产品和二级产品，前者是指能独立发挥某种消费和生产功能的物品，后者是指在自身形态上不具备独

① 陈玉：《我国成为21世纪世界制造业中心的策略研究》，硕士学位论文，南京理工大学，2004年，第3—6页。

② 黄泰岩、李鹏飞：《模块化生产网络对产业组织理论的影响》，《经济理论与经济管理》2008年第3期。

③ 王建军：《产业链整合与企业提升竞争优势研究》，《经济经纬》2007年第5期。

立的消费和生产功能，但是，通过组装、连接或加工等程序，以原生或转换形态构成一级产品的特定组成部分，即为一种中间产品。

比如钢材，通常涵盖长材、板带材、管材、铁道用材和其他钢材，而钢材出口量，即为长材、板带材、管材、铁道用材和其他钢材的出口总和。但在供应链出口的视角下，不仅可以将钢材出口视为一种一级产品的出口，如长材；而且，可以将其视为一种二级产品的出口，如船舶的出口带动钢材的出口，其中钢材是生产船舶的二级产品。

因此，供应链出口超越一级产品出口的界限，它涵盖一级产品和二级产品的出口，即某产品的出口，不仅表现为最终产品（一级产品），也可表现为中间产品（二级产品）。在这一视角下，钢材出口数量的统计范围需扩大，统计工作也更加复杂。

四　交易成本变化

（一）交易成本的概念

交易成本的概念，由诺贝尔经济学奖得主科斯于 1937 年在《企业的性质》一文中首次提出。科斯认为，交易成本是运行市场机制的费用，包括搜寻信息的费用、谈判和签约的费用以及监督执行等费用。[①]

诺斯认为，商品在经济单位之间的转移，要求提供有关交换机会的信息即搜寻费用，要求就交易条件进行商议即需谈判费用，还要求确定实施契约的步骤即执行费用，以及提供劳务的费用。[②]

《新帕尔格雷夫经济学大辞典》指出[③]，交易成本（费用）包括一切不直接发生在物质生产过程中的成本，具体包括信息成本、谈判成本、拟定和实施契约的成本、界定和控制产权的成本、监督管理的成本和制度结构变化的成本。

交易成本的发生，大致归因于交易商品或资产的专属性交易不确定性以及交易的频率三个方面。

（二）新兴古典贸易理论中交易成本的概念

新兴古典贸易理论指出，如果利用专业化经济，生产效率肯定会提

---

① 罗纳德·哈里·科斯：《企业、市场与法律》，上海三联书店 1990 年版。

② 道格拉斯·诺斯、罗伯斯·托马斯：《西方世界的兴起》，华夏出版社 1988 年版，第 102 页。

③ 约翰·伊特韦尔等：《新帕尔格雷夫经济学大辞典》，经济科学出版社 1996 年版，第 58 页。

高，但是却带来了交易费用。而交易效率的提高会扩大市场容量，促进市场一体化，相互分割的局部市场将逐渐发展成一体化的市场，且交易效率和交易成本负相关。据此，杨小凯指出，“国与国之间的关税、运输距离、通关检查、签证及其他手续费，这些使得国际贸易比国内贸易平均而言交易费用更高”。可见，国际贸易是国内贸易发展的结果，其市场容量取决于交易效率的高低。

假设 k 为交易条件系数（交易效率），即表示每购买一个单位商品，买者只能收到 k，而 $(1-k)$ 则在交易过程中损失掉了。[①] 显然，$(1-k)$ 就是交易成本。k 代表交易的条件，它同基础设施条件、城市化程度、运输条件和一般性的制度环境等有关，会随着社会的发展，不断提升。[②]

杨小凯还区分了两种不同类型的交易费用：外生交易费用和内生交易费用。外生交易费用在交易过程中直接或间接发生，是客观存在的实体费用；内生交易费用则包含了道德风险、逆向选择、机会主义等，是需要以概率和期望值来度量的潜在损失可能性。

（三）全球供应链贸易中交易成本的变化

基于杨小凯的分类方法，本书分别从外生交易费用和内生交易费用视角，分析全球供应链贸易中交易成本的变化。

在普通国际贸易中，一方面，由于国与国之间的关税、运输距离、通关检查、签证及其他手续费，普通国际贸易的外生交易费用，通常应高于国内贸易。另一方面，由于两国之间政治体制、文化风俗、经济政策、法律制度、语言和文字的差异，普通国际贸易的内生交易费用也应高于国内贸易。此时，国内贸易的交易费用低于国际贸易，国内贸易先于国际贸易开展。

针对全球供应链贸易，本书先分析其外生交易费用。（1）由于贸易自由化的深化，关税、通关检查、签证等贸易阻碍正在不断弱化。如中国关税总水平已从2002年的15.3%降至2010年的9.8%，降幅达36%。且根据世界贸易组织的约束条例，这一降低的趋势仍将继续。（2）随着运输工具数量和运输能力的提升，国际运输的效率在不断提高，作为最主要的国际运输方式，海运甚至出现供大于求的局面。如反映不同级别干散货

---

① 张定胜、杨小凯：《具有内生比较优势的李嘉图模型和贸易政策分析》，《世界经济文汇》2003年第1期。

② 周梅妮：《李嘉图国际贸易理论的新兴古典分析》，《国际贸易问题》2005年第8期。

轮运价的波罗的海干散货指数（以下简称 BDI 指数）[①]，从 2008 年 5 月的历史高点 11440，下降至 2014 年 1 月 30 日的 1110，跌幅惊人。可见，随着贸易自由化和运输效率的提升，国际贸易的外生交易效率大有提高，外生交易成本大减。

针对全球供应链贸易，本书再分析其内生交易费用。由于企业间的供应链协作生产，大大降低了企业间的道德风险、逆向选择和机会主义等，导致国际贸易的内生交易成本得以下降。可见，对于全球供应链贸易，无论是外生交易费用，还是内生交易费用，较于较早的国际贸易都低得多。

综上所述，基于全球供应链的视角，主流国际贸易理论的假设前提受到四方面的冲击，分别是产品内分工、要素跨国流动、供应链出口、以及交易成本变化。

第二节　全球供应链视角下国际贸易理论的发展

通过第一节分析可知，在全球供应链视角下，主流国际贸易理论的局限性源自各阶段理论未能考虑产品内分工、要素跨国流动、供应链出口以及交易成本变化。本节试图将全球供应链的视角引入国际贸易理论，发展主流国际贸易理论。

一　产品内分工对主流贸易理论的发展

通过第四章第一节第一部分的分析可知，主流国际贸易理论中大多沿用产业间分工和产业内分工的视角，而产品内分工突破原有理论边界，将更为精细的分工形式引入国际贸易理论。产品内分工对主流国际贸易理论的发展，分析如下：

（一）对古典贸易理论的发展

卢峰（2004）指出，主流贸易理论所共享的一个分析前提，就是认为特定产品的所有生产过程必须在特定国家内部完成。这个潜在研究立场又可以分解为三个隐含的假定：（1）产品生产过程仅仅包含一道工序；

---

① BDI 是波罗的海干散货指数（Baltic Dry Index）的简称，它是由几条主要航线的即期运费（Spot Rate）加权计算而成，为即期市场行情的反映，因此，运费价格的高低会影响指数的涨跌。

(2) 虽然存在不同工序，但各工序要素投入比例相同，因而产品加权要素投入比例与个别工序比例相同；(3) 虽然存在不同工序，并且各工序要素投入比例不同，但是，由于工艺和技术原因，不同工序不能在空间分离，或者分离成本极高。

若同时放松上述三个条件，依据比较优势原理，展开产品生产工序的分工成为可能。各个国家可以凭借在不同生产环节上的比较优势进行分工，开展国际贸易。因此，在全球供应链贸易视角下，生产产品的比较优势发展为生产环节的比较优势。

(二) 对新古典贸易理论的发展

新古典贸易理论认为，一国将出口较密集地使用其较丰裕的生产要素的产品，进口较密集地使用其稀缺的生产要素的产品。由于进出口商品所使用的要素差异较大，因此出口和进口的商品品性通常也差异较大。可见，新古典贸易理论是基于产业间分工视角提出的。

要素禀赋理论曾指出，要素丰裕度的差异正是比较优势的来源，因此，产品内分工对古典和新古典贸易理论的分析是相似的。随着商品复杂性的提升，商品生产所需环节不断增加，不同生产环节所需的生产要素也不同。在产品内分工视角下，基于新古典贸易理论的分工应从生产产品的要素禀赋发展为生产环节的要素禀赋。

(三) 对新贸易理论的发展

依据克鲁格曼提出的新贸易理论，在若干汽车生产国之间分工，每个国家生产特定型号汽车，然后通过贸易满足各国消费者对多样化汽车型号需求，便能通过规模经济带来成本节省和福利增加。这一新贸易理论模型在逻辑和技术上简练完美，但其全部分析建立在各国独立完成不同型号汽车产品全部生产过程假设基础上。

在全球供应链的视角下，由于不同生产环节的有效规模不同，可以通过产品内分工，将不同有效规模的生产环节分离出来，并安排到不同国家进行生产，从而将新贸易理论的不同产品的规模经济效应转变为各个生产环节的规模经济效应。

(四) 对新兴古典和新新贸易理论的发展

依据前三点的分析，产品内分工对新兴古典贸易理论的发展可视为：由产品专业化分工和交易效率改进，发展为生产环节的专业化分工和交易效率改进。同理，产品内分工对新新贸易理论的发展可视为：由企业的生产产品的异质性，发展为企业的生产产品的某一环节的异质性。

另外，全球供应链贸易对贸易结构的影响也是显而易见的，使贸易结构从传统的产业间贸易和产业内贸易，转变为产品内贸易。

二 要素跨国流动对新古典贸易理论的发展

要素禀赋理论假定在要素可国内流动，但不可跨国流动前提下，各国国内生产要素的相对丰裕度，导致各国生产要素价格的差异，进而导致各国生产同种产品的成本不同，最终引发国际贸易。

同时，该理论进一步假设要素在商品内有限流动，即要素密集度不可逆转，也就是在任何相对要素价格之下，一种产品相对于另一种产品始终是资本密集或劳动密集型的。该假设回避商品内的要素流动，将商品要素结构固态化。

基于要素流动视角出发，对要素禀赋理论有两个方面的发展：

（1）要素发生国际流动后，一国获得的要素总量不再局限于国内初始要素量，而是本国初始要素和进口要素的总和，生产要素的价格由一国可获得的要素总量决定，进而导致商品的价格差异和国际贸易。这一视角解释了，为何有的国家在缺乏某种生产要素的前提下，却大量生产并出口密集使用该要素的商品，甚至成为该商品的世界贸易大国。如日本在近乎国内不产铁矿石的情况下，2009 年，成为仅次于中国的世界第二的产钢国和第一的出口国。

（2）商品的要素结构可流动，则任何商品都不能固定为某种要素密集型商品。随着生产要素价格的变动，追求利润最大化的厂商会调整商品的要素结构，同样的商品，在甲国是劳动密集型，在乙国却可能是资本密集型。而生产要素价格的变动，正是来源于第一点中的一国获得要素总量的变化。这一视角恰恰是对“里昂惕夫之谜”的有力解释。

另外，在新古典贸易理论中，要素价格均等化是一个重要推论，该理论同样假设要素不可跨国流动。若引入要素流动的视角，那么遵循该理论的逻辑，分析结果就应是丰裕要素流入稀缺要素地区。但事实并非如此，中国东部沿海地区比西部地区资本充裕，却未见大量资本转移至西部，更不用谈要素价格均等化。笔者认为，其原因在于：东部地区拥有更多的技术，单位资本在东部可以结合更多的技术，虽然单位资本的规模报酬递减，但技术给单位资本带来更高的附加值，最终创造更高的利润。这一结论说明，要素价格的决定因素不再取决于新古典贸易理论宣称的区域的要素禀赋，而是该区域要素在全球供应链生产中所能创造的附加值。笔者这一观点与张幼文（2006）的观点①不谋而合。由于本部分探讨的是要素禀赋理论的局限，因此要素价格的问题不做过多讨论。

三　供应链出口对新贸易和新新贸易理论的发展

供应链出口对主流贸易理论的发展，体现在新贸易理论和新新贸易理论两方面：

（一）供应链出口对新贸易理论的发展

新贸易理论认为，规模经济是国际贸易的动因，而规模经济的来源是出口扩大导致的企业产量的提升。如根据中钢协的行业报告，中国2010年出口钢材4255.60万吨，则意味着中国钢材生产的规模扩大了4255.60万吨。

而在供应链出口的视角下，出口扩大引致的企业产量的提升不再局限于产品本身的出口量，整个产品链中该产品的出口数量都应当计算进去，如船舶和机械设备的出口必然包括钢材的中间品出口。因此，供应链出口视角下的产品出口规模，应远大于新贸易理论视角下的最终产品，在新的视角下，新贸易理论所衡量的产品出口规模，其中“产品”的概念应当向外延伸，即最终产品和中间产品。

（二）供应链出口对新新贸易理论的发展

新新贸易理论认为，企业的异质性导致国际贸易的发生，而企业生产率差异和组织结构是企业异质性的主要代表。而在供应链出口视角下，企业不再单独开展国际贸易，任何一个产品的出口背后都有一整条供应链的参与。可见，供应链生产方式超越了单一企业内部生产的界限，供应链企业间的协作生产方式代替了企业的单独生产方式。

因此，随着产品内分工的不断深化②，企业的生产率差异不仅源于企业内部，诸如生产技术和组织方式等，还会源于企业外部，主要源于企业所处的供应链，如上游原材料供给和下游产成品销售。

另外，新新贸易理论认为生产率差异和组织结构是企业异质性的主要代表，而全球供应链贸易中，各个企业凭借其核心竞争力嵌入供应链生产之中。核心竞争力的表现形式多种多样的，可以是生产技术、组织能力、

① 张幼文：《要素流动与全球经济失衡的历史影响》，《国际经济评论》2006年第3期。

② 供应链生产方式，是产品内分工不断深化的表现。

财务技巧、信息渠道、品牌经营、客户资源等，甚至一个没有核心技术的企业，并不意味着没有核心竞争力，如戴尔公司的核心竞争力在于高效的供应链管理。

因此，在供应链生产视角下，新新贸易理论中“异质性”的含义，应在企业内部异质性的层面上，加入企业外部异质性，如供应链的异质性。

四 交易成本变化对新兴古典贸易理论的发展

依据第四章第一节四中所述，交易成本有外生和内生之分。新兴古典贸易理论关于“国际贸易比国内贸易平均而言交易费用更高”论断的局限，源于全球供应链贸易中，交易成本的变化。

一方面，随着贸易自由化和运输效率的提升，国际贸易的外生交易效率大有提高，外生交易成本大减。另一方面，由于企业间的供应链协作生产，大大减低了企业间的道德风险、逆向选择和机会主义等，导致国际贸易的内生交易成本得以下降。可见，对于全球供应链贸易，无论是外生交易费用，还是内生交易费用，较于较早的国际贸易，都低得多。那么，“国际贸易比国内贸易平均而言交易费用更高”的论断，就会有失偏颇。

例如，北大光华管理学院院长张维迎①指出，中国隐性赋税较高，这使得内销企业不得不面临较高的交易成本，甚至高于国外。最终，迫使部分中国企业直接定位于出口，而不选择内销。无独有偶，张维迎的继任者蔡洪滨②也提出相似的观点。

可见，新兴古典贸易理论认为，“国际交易成本高于国内交易成本”这一观点尚存局限。在全球供应链贸易中，随着贸易自由化和运输效率的提升，以及企业间的供应链协作生产，全球供应链贸易的交易成本大幅下降，甚至可能低于国内贸易，导致企业对外贸易不内销。

五 小结

综上所述，基于全球供应链的国际贸易实践，主流贸易理论的假设边界遭遇四个方面挑战，需要从产品内分工、要素跨国流动、供应链出口和交易成本变化四个假定出发，发展国际贸易理论。基本结论如下：

（1）在产品内分工下，各主流贸易理论发展为生产环节的比较优势、

---

① 张维迎：《国内贸易为何比国际贸易交易成本还高》，《人民日报》（海外版）2009 年 12 月 24 日第 3 版。

② 蔡洪滨：《企业不愿做内贸根在交易成本高》，《中国青年报》2011 年 9 月 26 日第 3 版。

生产环节的要素禀赋、生产环节的规模经济效应、生产环节的专业化分工和交易效率、生产环节的异质性。

（2）要素跨国流动时，国家要素禀赋可以改变，获得的要素总量不再局限于国内初始要素量，并且商品要素密集度可逆转，商品也不再固定为某种要素密集型。

（3）在供应链出口下，出口的产品应包含最终产品和中间品，产品出口规模的计算范围需扩大；并且企业间协作生产代替单独生产，企业异质性包含内部和外部两个层面。

（4）随着贸易自由化和运输效率的提升，以及企业间的供应链协作生产，全球供应链贸易的交易成本大幅下降，甚至可能低于国内贸易。

第三节 新视角下国际贸易理论对钢铁贸易的解释

一 古典贸易理论对钢铁贸易的解释

依据第四章第二节第一部分中可知，古典贸易理论的局限性并非来源于比较优势理论的逻辑，而是源自产品在一国内完成的假设，该假设不符合产品内分工下的全球供应链生产方式。在全球供应链的视角下，古典贸易理论的比较优势，应从生产产品的比较优势发展为生产环节的比较优势。

引入全球供应链的比较优势理论，对钢铁贸易的分析逻辑如下：若将供应链中的采矿和冶炼两个环节分别视为两种独立的产品。则根据比较优势理论，澳大利亚和中国应分别生产具有比较优势的产品，其中，澳大利亚作为全球铁矿石出口大国，其国内矿藏丰富，铁矿石的生产成本较低，应当专业化生产并出口“采矿”环节；而中国作为全球钢材出口大国，钢材的生产成本较低，应当专业化生产并出口“冶炼”环节。之后，两国再进行贸易，将“采矿”和“冶炼”组装成最终产品——钢材，这一流程恰是供应链生产的实质。

此时，在全球供应链的视角下，古典贸易理论得以部分解释中国成为钢铁贸易大国的现象。

二 新古典贸易理论对钢铁贸易的解释

依据第四章第二节第二部分可知，新古典贸易理论的局限源于要素可以国内流动，但不能国际流动的假设，该假设不符合全球化的经济形势。在全球供应链视角下，新古典贸易理论的要素流动性假设，应扩展为国际可流动。

引入全球供应链的要素禀赋理论，对钢铁贸易的分析逻辑如下：虽然中国国内铁矿石资源不足以支持中国成为钢铁出口大国，但在要素可国际流动的条件下，一国获得的要素总量是国内初始要素量与国外进口要素量之和。

众所周知，钢铁生产需要消耗大量的铁矿石，而铁矿石的国际流动主要源于三大铁矿石供应商：巴西淡水河谷公司、澳大利亚必和必拓公司以及力拓公司，它们控制着世界铁矿石90%以上的海运量和80%的市场。而中国，一方面是铁矿石的生产大国[①]，另一方面也是铁矿石的进口大国，其获得的铁矿石总量，居全球第一。因此，按照要素禀赋理论的分析，中国成为钢铁出口大国应是情理之中的事情。

三 新贸易理论对钢铁贸易的解释

通过第二节第一部分和第三部分的分析，新贸易理论有两方面的突破，一是基于产品内分工，将分工细化，把生产不同产品的规模经济效应变为不同生产环节的规模经济效应；二是基于供应链出口，扩大出口产品的内涵，出口产品应包含最终产品和中间品。

引入全球供应链的新贸易理论，对钢铁贸易的分析逻辑如下：虽然数据显示，近年来中国出口钢材数据略有下降，出口规模并没有显著的扩大，且国外需求对总需求的贡献也不大，但是，这仅是最终产品出口的情况。众所周知，中国是船舶出口和机械设备的出口大国，而钢材正是船舶和机械设备的主要原材料，在产品链出口视角下，船舶和机械设备的大量出口将带动大量钢材间接出口。如此，钢材的出口规模比传统视角更大，国外钢材需求对钢材总需求的贡献也更大，新贸易理论也更有说服力。

四 新兴古典贸易理论对钢铁贸易的解释

通过第二节第四部分的分析可知，新兴古典贸易理论的局限来源于忽

---

① 2009年按平均含铁量28%计算，产铁矿石8.81亿吨，仅次于按平均含铁量65%计算，产铁矿石3.94亿吨的第一生产国的澳大利亚。

视全球供应链贸易中交易成本的变化。

引入全球供应链的新兴古典贸易理论，对钢铁贸易的分析逻辑如下：一方面，随着经济全球化和技术提升，钢铁关税成本不断下降，钢铁运输效率不断提升，外生交易成本不断下降；另一方面，中国交易市场机制尚不完善，政府调控政策频繁但效率低下，且钢铁企业交易制度尚在调整之中，不论是铁矿石进口，还是钢材销售，企业间恶性竞争严重，导致中国国内钢铁交易的内生成本不断提升，甚至出现“要车皮需送房”的怪象。[①] 因此，以成本最小化为原则，从战略全球化出发，通过综合比较国内外的交易成本，当国内交易成本大于国外时，选择出口放弃内销自然是理性的。

五 新新贸易理论对钢铁贸易的解释

依据第二节第三部分的分析得知，新新贸易理论的局限性不仅在于企业异质性的内涵应拓宽，而且除生产率差异和组织结构外，生产技术、组织能力、财务技巧、信息渠道、品牌经营、客户资源等都可能成为体现企业异质性的核心竞争力；更为重要的是，随着供应链协同生产方式的出现，生产产品的传统企业，正被包括上下游多个企业的扩展型企业替代，即基于单一企业的异质性导致的国际贸易，正在转变为基于多个企业构成的供应链的异质性导致的国际贸易。因此，贸易的源泉从企业内部异质性演进为企业外部（供应链）的异质性。这一思想，正好印证了马丁·克里斯托夫（Martin Christopher）的名言：21 世纪的竞争不是企业和企业之间的竞争，而是供应链和供应链之间的竞争。[②]

引入全球供应链的新新贸易理论，中国部分非钢铁生产企业成为出口 20 强企业的解释如下：前述三家企业，虽然自身不生产钢材，但都以钢材作为本企业产品的原材料，通过与钢企的长期交易，在钢材的购入成本或购买渠道上具有优势，形成企业的外部异质性，由此导致钢材的出口贸易。

综上所述，通过引入产品内分工、要素国际流动、供应链出口，以及交易成本变化的概念，将全球供应链视角引入主流国际贸易理论，能更合理解释钢铁的全球供应链贸易。这一实证，也说明引入全球供应链视角，

① 周梅妮：《李嘉图国际贸易理论的新兴古典分析》，《国际贸易问题》2005 年第 8 期。

② Christopher Martin, “Logistics and Supply Chain Management: Strategies for Reducing Cost and Improving Service”, *International Journal of Logistics Research and Applications*, Vol. 2, No. 1, 1999.

发展主流国际贸易理论的必要性和可行性。

第四节　本章小结

本章采用比较分析方法，揭示经典国际贸易理论局限的成因，这主要来自产品内分工、要素跨国流动、供应链出口以及交易成本变化四个方面。并且，本书将全球供应链融入国际贸易理论，解释钢铁贸易现象。

本章分三节：首先，指出全球供应链视角下，主流国际贸易理论局限性的成因；其次，基于全球供应链的前提，发展主流国际贸易理论；最后，运用融入全球供应链视角的主流国际贸易理论，解释全球供应链的钢铁贸易。各节的主要内容如下：

第一节在全球供应链贸易的视角下，揭示主流贸易理论局限性的成因。主流贸易理论的局限，源于假设前提所受到的冲击，分别是产品内分工、要素跨国流动、供应链出口，以及交易成本变化。

第二节基于产品内分工、要素跨国流动、供应链出口，以及交易成本变化四个假定出发，发展国际贸易理论。基本结论如下：

（1）产品内分工下，各主流贸易理论发展为生产环节的比较优势、生产环节的要素禀赋、生产环节的规模经济效应、生产环节的专业化分工和交易效率、生产环节的异质性；

（2）要素流动时，国家要素禀赋可以改变，获得的要素总量不再局限于国内初始要素量，并且商品要素密集度可逆转，商品也不再固定为某种要素密集型；

（3）供应链出口下，产品出口包含最终产品和中间品出口，产品出口规模的计算范围需扩大；并且企业间协作生产代替单独生产，企业异质性包含内部和外部两个层面；

（4）随着贸易自由化和运输效率的提升，以及企业间的供应链协作生产，全球供应链贸易的交易成本大幅下降，甚至可能低于国内贸易。

第三节通过引入产品内分工、要素国际流动、供应链出口，以及交易成本变化的概念，将全球供应链视角引入主流国际贸易理论，并尝试解释钢铁的全球供应链贸易。这一实证，也说明引入全球供应链视角，发展主流国际贸易理论的必要性和可行性。

另外，通过本章分析发现，各个国际贸易理论都是解释特定的国际贸易现象。将全球供应链视角引入各个国际贸易理论，从而发展主流国际贸易理论的做法，也只是从某一局部解释了全球供应链贸易，而要全面解释基于全球供应链的国际贸易，尚需建立全球供应链视角下的新国际贸易理论，这将是第五章研究内容。

第五章　基于全球供应链的国际贸易理论

新兴古典贸易理论的创立者杨小凯教授曾指出，经济理论模型预见的经济规律都只对特定模型的特定参数值区间成立，将模型稍做变动，或在同一模型中将参数的值加以变动，比较静态分析预见的规律就会改变。虽然可能找到对很多效用函数都成立的一些决策的规律（例如，补偿需求函数总满足需求律），但不可能找到交互作用全部均衡的一般规律。

因此，在全球供应链贸易比重不断提升的时代，要全面解释基于全球供应链的国际贸易，建立基于全球供应链视角下的新国际贸易理论是当务之急。

国际贸易纯理论的研究内容丰富，但学界尚无一个统一的分析框架来研究国际贸易纯理论，使得人们难以深层次把握国际贸易理论的演进逻辑，更是阻碍着国际贸易理论的新发展。本章在国际贸易理论演进的相关文献研究的基础上，基于贸易动因、贸易结构和贸易结果三个基本问题，构建国际贸易理论分析框架，并依托此分析框架，建立基于全球供应链的国际贸易理论，并试图从中得到一些有益的启示。

第一节　国际贸易理论演进的文献综述

一　文献综述

澳大利亚经济学家杨小凯（2001）认为，国际贸易理论的发展有两条线索：一条是以斯密为代表的绝对优势说，称为内生比较利益说；另一种是以李嘉图外生技术比较优势和赫克歇尔—俄林为代表的禀赋比较优势说。这两条思路本质上代表着经济学的不同发展思路，前者关注分工网络模式等经济组织的拓扑性质[①]的变化，而后者则关注资源的分配与流向等非拓扑性质的变化。笔者指出，国际贸易理论四大命题（比较利益说、要素价格均等说、斯托尔珀—萨缪尔森定理和罗宾辛斯基定理）不可能是一般规律，它们只在非常不现实的假定条件、特别的模型和特定参数值范围内成立。继而笔者提出，区别分工网络效应和规模经济的新的内生比较优势国际贸易理论，认为交易效率改进会使更多的分工网络效应被利用。

Krishna Kala（2005）[②] 认为，分析国际贸易实证的进展就像品酒一样，十分复杂，既得说明葡萄的种类，还得分析葡萄的来源。经济学家都在寻找各自研究领域的热点，但笔者认为，国际贸易实证研究的热点，体现为以下三个方面：（1）互补和交叉的研究开始出现，比如 Matsuyama（1995）和 Ramezzana（2002）的工作；（2）异质性企业模型的建立，如梅利茨和 Ghironi（2004）、伯纳德等（Bernard et al.，2003）、罗伯茨和蒂布特（Roberts and Tybout，1997）；（3）动态视角的贸易研究的不断深入，尤其是信贷约束的方向，如 Bannerjee 和 Newman（2004）、Matsuyama（2004a）以及 Tchesnekova（2004）。

罗纳德·W. 琼斯（Ronald W. Jones，2008）[③] 指出，多年来，理论界提出了许多关键的比较静态的国际贸易理论，并且这些国际贸易理论只有些许改变。对均衡的挑战，很可能导致一国生产方式和贸易方式的改变，并且冲击会带来非单调的反应。文章指出，国际贸易理论面临的大冲击来自以下几个方面：（1）商品价格的改变，即斯托尔珀和萨缪尔森（Stolper and Samuelson，1941）提出的有限价格冲击；（2）大型价格冲击与内生性的生产结构，即琼斯和 Marjit（1992）提出的价格冲击会改变产品的要素结构；（3）价格变化和国际资本流动；（4）李嘉图模型中的技术转移，保罗·萨缪尔森（2004）指出，为何有的国家在贸易中获利，有的反而受损，就是李嘉图模型忽视技术转移的问题；（5）碎片化生产，

① 经济组织拓扑性质是关于每两个个体之间是否互相连接和有交易关系的总信息。这一总信息与连接方式、交易流通量（非拓扑性质）无关。

② Krishna Kala，“Advanced international trade：theory and evidence”，*Journal of International Economics*，Vol. 66，No. 2，2005.

③ Jones，Ronald W.，“Key international trade theorems and large shocks”，*International Review of Economics & Finance*，Vol. 17，No. 1，2008.

琼斯和 Kierzkowski（1990、2001）指出，生产碎片化导致生产可能不在同一地区，甚至不在同一企业中。

马克·L. 卢茨（Mark A. Lutz，2008）[①] 指出，几乎所有经济学家都认可一个观点，只有商品、服务和资本能够在国际间自由流动，取消关税和其他贸易壁垒，各个贸易伙伴都能从中获益。这一观点，受益于大卫·李嘉图的比较优势理论，这仍是当今国际贸易理论的基石。但社会经济学家约翰·卡尔伯森（John Culbertson）对比较优势理论提出质疑。他认为，基于全球资本流动下的企业间低工资竞争，以及大量的贸易赤字，二者削弱了大卫·李嘉图提出的著名的比较优势理论。相反，部分国家的实践表明，国际贸易是依据绝对优势而开展的，如中国、印度、越南等。

弗里德·勒姆普（Frieder Lempp，2008）[②] 指出，国际贸易理论研究的意义在于：解释国家间的贸易模式，审视国家间的贸易政策，例如取消进口关税或禁止出口补贴。大量国际贸易理论的实证研究显示，国际贸易理论时而规范、时而正确，但时而也备受质疑。笔者尝试运用结构重建的方法，将国际贸易理论进行结构重建。文章指出，国际贸易理论的基石，可体现为三个概念和七项职能。其中，李嘉图的比较优势理论和赫克歇尔—俄林的要素禀赋理论，被视为理论重建的基本条件。受制于这两个理论的约束，才能确保推导的其他国际贸易理论的逻辑一致。理论重建的根本途径就是，尝试从元理论的角度评估和阐述各个国际贸易理论间的逻辑的相关性。

佟家栋（2000）[③] 指出，国际贸易理论经历了从古典贸易论到新古典贸易理论，进而从新古典贸易论到新贸易理论三个发展阶段。笔者针对国际贸易理论的发展阶段、划分阶段的标准及理论内容加以探讨，认为技术差异论和生产要素赋论的共同点在于，它们都是以各国生产同一产品的价格或成本差别作为国际贸易的原因和动力的，因此统称为比较利益理论。新古典国际贸易理论是放松了古典贸易理论各个假定前提后，形成的国际贸易理论。国际贸易理论发展的第三个阶段是新贸易理论发展的阶段，机会成本递减是特征。

---

① 萨尔瓦多：《国际经济学》，杨冰译，清华大学出版社 2011 年版，第 38—41 页。

② Frieder Lemp, "The Logical Structure of International Trade Theory", *Erkenntnis*, Vol. 69, No. 2, 2008.

③ 佟家栋：《国际贸易理论的发展及其阶段划分》，《世界经济文汇》2000 年第 1 期。

姚立新（2000）[①] 指出，国际贸易理论的发展逻辑，可以分本质和表象两个层面来说明。本质层面，对贸易带来的利益的追求。纵观国际贸易理论发展史，贸易理论关于贸易带来的利益的分析大致经历了三个阶段：第一阶段是古典贸易理论对贸易带来的直接利益的分析；第二阶段是现代贸易理论对贸易带来的经济利益的分析；第三阶段是当代贸易理论对贸易带来的国家利益的分析。表象层面，对作为同一个圆心的传统自由贸易理论的某些不现实假定进行修正后的发展。

朱廷珺（2004）指出[②]，第二次世界后国际贸易理论创新主要表现在六个方面：（1）理论假设前提更加逼近现实；（2）从供给和需求的互动关系角度解释国际贸易原因；（3）动态考察利益的来源并揭示贸易损失的可能性；（4）首创扶持战略性产业的理论框架；（5）对外贸易与国内贸易的基础提出了统一的理论内核；（6）从孤立到融合的角度分析贸易与投资。

赵爱清（2005）[③] 围绕国际贸易产生的原因、结构的形成和利益的分配这三个基本问题，指出国际贸易理论的内在逻辑体现为：（1）从供给角度研究国际分工原因，并兼顾需求因素；（2）假设更符合现实；（3）研究主题从国家转为企业。并且指出国际贸易理论的发展趋势：国际贸易和国际直接投资理论的融合，以及国际贸易界定标准的补充。

陈英（2010）[④] 指出，国际贸易现实类型大概经历了产业间贸易、产业内贸易和产品内分工三个阶段。概括而言，比较优势的传统力量可以对一组产品发挥作用，新贸易理论则适用于解释由于规模经济和产品异质性所导致的产业内分工贸易模式，而当分工深入到产品内之后，贸易的技术结构和垂直专业化水平成为新的分工形式下衡量贸易结构的主要基准。

李春顶（2010）[⑤] 指出，国际贸易在最初的阶段表现为产业间的分工，比较优势和要素禀赋能够很好地解析该种贸易；而随着国际分工和贸易的深入，产业内分工逐渐占据了国际贸易的主导地位，推动了以不完全竞争、规模经济和产品差异化为基本假设的新贸易理论的发展。然而，国

---

① 姚立新：《国际贸易理论发展的逻辑》，《国际贸易问题》2000 年第 8 期。

② 朱廷珺：《当代国际贸易理论创新的若干特征》，《国际贸易问题》2004 年第 2 期。

③ 赵爱清：《国际贸易理论发展的内在逻辑及方向》，《当代财经》2005 年第 6 期。

④ 陈英：《国际贸易类型与国际贸易理论研究评述》，《学术论坛》2010 年第 11 期。

⑤ 李春顶：《新新贸易理论文献综述》，《世界经济文汇》2010 年第 1 期。

际分工的进一步发展和企业活动国际化的深入，出现了以企业为核心的国际贸易新格局，导致以企业异质性、不完全竞争和规模经济为特征的新新贸易理论的出现。

二 文献简评

国际贸易理论的演进受到国内外学者的广泛关注，且研究颇丰。①②③④ 但尚有以下不足之处：

（1）国外文献关于国际贸易纯理论的研究，主要是指出国际贸易理论中理论研究的一些突破，以及实证研究中对理论的冲击，有待于进一步梳理国际贸易理论的发展规律和演进逻辑。但其中，杨小凯提出的国际贸易理论的发展线索⑤以及弗里德·勒姆普提出⑥，比较优势理论和要素禀赋理论是理论重建的基本条件的思想，值得借鉴。

（2）国内不乏研究国际贸易理论演进的文献⑦⑧⑨⑩⑪，但对演进逻辑的总结，都是从各自的角度出发，缺少理论基础，导致归纳出的理论发展线索，从第一条至第六条不等，说服力不强，难以获得广泛的支持和认可。

（3）佟家栋和赵爱清都提及国际贸易理论的三个基本问题，即贸易动因、贸易结构和贸易结果。前者尝试基于三个基本问题分析国际贸易理论发展，但只分析了古典、新古典和新贸易理论，对新兴古典和新新贸易

---

① 保罗·克鲁格曼：《战略性贸易政策与新国际经济学》，海闻等译，中国人民大学出版社2000年版，第36—64页。

② Bernard, "Plants and Productivity in International Trade", *American Economic Review*, Vol. 93, No. 4, 2003.

③ Helpman, E., "Trade, FDI, and the Organization of Firms", *Journal of Economic Literature*, Vol. 44, No. 3, 2006.

④ Kiminori Matsuyama, "Agricultural productivity, comparative advantage, and economic growth", *Journal of Economic Theory*, No. 3, 1995, pp. 317 - 334.

⑤ 杨小凯、张永生：《新贸易理论、比较利益理论及其经验研究的新成果：文献综述》，《经济学》2001年第1期。

⑥ Frieder Lemp, "The Logical Structure of International Trade Theory", *Erkenntnis*, Vol. 69, No. 2, 2008.

⑦ 陈同仇、薛荣久：《国际贸易》，对外经济贸易大学出版社1997年版，第37页。

⑧ 丁凯：《国际贸易理论发展综述》，《经济纵横》2004年第9期。

⑨ 胡昭玲：《国际垂直专业化分工与贸易：研究综述》，《南开经济研究》2006年第5期。

⑩ 金芳：《全球化经营与当代国际分工》，上海人民出版社2006年版。

⑪ 李春顶：《新新贸易理论文献综述》，《世界经济文汇》2010年第1期。

理论并未涉及。而后者的文章，并未按这一思路演绎。

综上所述，关于国际贸易理论发展过程中出现的各个流派及其主要观点，国内外经济学界已经有了比较全面的研究，但是，对国际贸易理论的发展规律和演进逻辑的研究有待深入。文献的最大启发在于①②③④贸易动因、贸易结构和贸易结果，始终是各种国际贸易理论关注的基本问题。

第二节　国际贸易理论分析框架

国际贸易的纯理论研究所要回答的基本问题有三个：国际贸易产生的原因、国际贸易的结构（包括商品结构和市场结构）和国际贸易的结果。本节依据国际贸易理论的三个基本问题，结合古典贸易理论、新古典贸易理论、新贸易理论、新兴古典贸易理论和新新贸易理论，尝试揭示国际贸易理论演进逻辑，并构建国际贸易理论的分析框架。

在此尚需说明，本节不同于第三章的分析，未将产品内贸易理论囊括其中，原因有二：（1）产品内贸易理论，没有从分工基础这一个理论范畴阐述产业间分工、产业内分工、产品内分工的历史传承关系，从而导致产品内分工理论无法“归宗认祖”，始终没有能够跻身国际经济学的主流理论之列（卢锋，2004）。（2）产品内国际分工并未超出传统国际分工理论适用范围，只要在传统国际分工理论框架内加入当代国际分工条件，仍然可以用于解释产品内国际分工。⑤

一　贸易动因

对国际贸易产生原因的研究，要回答各种形式的国际贸易为什么产生，它产生的经济学基础是什么或者说国际贸易产生的利益驱动力是什

---

① 盛洪：《分工与交易：一个一般及其对中国非专业化问题的应用分析》，上海人民出版社1994年版，第63—68页。

② Feenstra, Robert C. and Gordon, H., “Globalization, Outsourcing and Wage Inequality”, *American Economic Review*, Vol. 86, No. 1, 1996.

③ Jyrki Ali - Yrkkö, “Who Captures Value in Global Supply Chains? Case Nokia N95 Smartphone”, *J Ind Compet Trade*, No. 11, 2011, pp. 263 - 278.

④ Kyle, “Shifting Comparative Advantage and Accession in the WTO”, *Yale DePartment of Eeonomics*, No. 7, 2001, pp. 97 - 99.

⑤ 贺东伟：《关于区域经济学研究对象的文献综述》，《美中经济评论》2007年第1期。

么，对于这个问题的回答，不同的贸易理论有不同的答案①②③④⑤。

国际贸易理论对贸易产生原因的不同解释，源于各种理论不同的假设提，但理论的假设前提众多，比如绝对优势理论的前提多达10条，而要素禀赋理论的假设更达11条之多。因此，为简化分析，本书从生产技术、要素种类、产品质量、市场结构和企业差异五方面比较各种国际贸易理论的假设，并讨论各理论对国际贸易原因的解释。

（一）古典贸易理论

绝对优势和比较优势理论都假定完全竞争市场和企业同质，考虑在生产中只投入劳动力一种生产要素，使得商品成本差别能纯粹化为劳动成本。绝对优势是指在同种商品生产上，一国在劳动生产率上占有优势，所耗劳动成本低于贸易伙伴国；比较优势是指较之另一个国家，一个国家在生产同种商品上拥有较低的机会成本。绝对优势实质上是比较各国在生产同一产品时的劳动生产率，而比较优势将劳动生产率的差别进一步表现为生产某种产品的机会成本的差别。综上可知，古典贸易理论假设两国存在给定的，即外生性的技术差距；认为只有劳动一种生产要素；产品是无差异的，即同质的；完全竞争市场且企业同质。基于前提假设，古典贸易理论将商品质量差异、市场结构差异和企业其他生产要素差异同等化，在这种情况下，代表生产技术差异的劳动生产率差异，即比较优势⑥就是国际贸易的起因。

（二）新古典贸易理论

新古典贸易理论是古典贸易理论的发展。要素禀赋理论认为，要素禀赋是一个国家或经济体所拥有的可利用的经济资源的总量，相对要素充裕

① 张纪：《产品内国际分工中的收益分配——基于笔记本电脑商品链的分析》，《中国工业经济》2006年第7期。

② Bernard and Jensen, "Exceptional Exporter Performance: Cause, Effect or Both?", *Journal of International Economics*, Vol. 47, No. 1, 1999.

③ Bernard, Jensen and Schott, "Trade Costs, Firms and Productivity", *Journal of Monetary Economics*, No. 53, 2006, pp. 917 -937.

④ Deardorff, A. V., "Fragmentation in Simple Trade Model", *North American Journal of Economics and Finance*, Vol. 12, No. 2, 2001.

⑤ Girma, S., Greenaway, D. and Kneller, R., "Does Exporting Increase Productivity? A Micro - econometric Analysis of Matched Firms", *Review of International Economics*, No. 12, 2004, pp. 855 -866.

⑥ 此处所说的比较优势，表现为劳动作为唯一生产要素下的劳动生产率差异，是一种狭义的概念，下同。

度是单位产品的相对要素投入比率，且后者决定了比较优势与专业化方向的确定。新古典理论沿用古典贸易理论大部分的假设，同样假定产品同质、企业同质和市场完全竞争。假设的区别有两点：一是新古典讨论的是相对要素充裕度，因此生产要素不同于古典假定的一种而是两种。二是虽然与古典一样都认为存在外生性的技术差距，但技术差距的来源不同，古典中是源于劳动生产率，而新古典认为源于相对要素充裕度，即新古典贸易理论认为，即使不存在劳动生产率的差异，两国依然可以凭借要素禀赋的差异开展贸易。因此，新古典贸易理论认为生产要素禀赋的差异是国际贸易产生的原因。

（三）新贸易理论

第二次世界大战后，包括产业内贸易的众多贸易新现象难以用传统贸易理论解释，因此，建立在不完全竞争与规模经济等全新的假设之上的新贸易理论应运而生。新贸易理论除同样假定企业同质外，其余四个方面的假定都不同于新古典贸易理论：首先，新贸易理论引入不完全竞争市场，讨论垄断竞争和寡头垄断的情况。其次，除劳动和土地外，引入更多的生产要素，如资本。再次，由于同种产品无论是内在做工，还是外在品牌都不相同，新贸易理论引入差异化产品的概念。最后，内生性技术差距替代外生性技术差距。内生性技术差距来源于 DS 模型的思想①，认为随着生产规模的不断扩大，产品的边际成本会递减，即产生规模经济效应②③。可见，不同于既定的外生性技术差距，新贸易理论认为随着国际贸易的开展，生产规模不断扩大，生产技术将获得内生性的增长，进而导致商品生产成本下降。④ 因此，获得源于规模经济的内生性技术进步是国际贸易产生的新动因。

（四）新兴古典国际贸易理论

杨小凯认为，DS 模型虽然精妙，但不能内生国内贸易向国际贸易的

① 蔡小勇：《垂直专业化、产品内贸易与中国经济发展》，博士学位论文，华中科技大学，2006 年，第 58—62 页。

② Collis，“A Resources—based Analysis of Global Competition：The Case of the Bearing Industry”，*Strategic Management Journal*，No. 12，1991，pp. 49 –68.

③ Eaton，J.，Kortum，S. and Kramarz，F.，“Dissecting Trade：Firms，Industries and Export Destinations”，*American Economic Review*，Vol. 94，No. 8，2004.

④ Harhoff，D.，“R&D and productivity in german manufacturing firms”，*Econ Innovat New Tech*，Vol. 6，No. 1，1998.

转变，即不能解释为何国际贸易都是从国内贸易开始。为此，杨小凯引入与新贸易理论不同的假设。新兴古典和新贸易理论都假定技术差距、多种要素、差异化产品、不完全竞争市场和企业同质，但有两点区别。第一，技术差异的来源不同，新贸易理论假定在没有外生技术差距时，规模经济能导致内生技术差距；而新兴古典贸易理论认为，在有外生技术差距下，同样存在源于斯密的专业化分工的内生技术差距。第二，市场特征不同，虽都假定不完全竞争市场，但新贸易理论认为，市场存在垄断所以不完全；而新兴古典贸易理论认为，信息不完全导致的交易效率不足才是市场不完全的体现。因此，新兴古典理论认为，交易效率的不断改进和专业化带来的技术进步是国际贸易产生的动因，而经济发展、贸易和市场结构变化现象都是这个演进过程的不同侧面。

（五）*新新贸易理论*

新新贸易理论首次用微观视角代替宏观视角的研究，尝试解释为何高生产率的企业开展国际贸易，而低生产率的企业开展国内贸易。新新贸易理论同样假定技术差异、多种要素、差异化产品和不完全竞争市场，但引入企业异质的假设。①② 梅利茨构建的企业利润模型中有多种企业因素，如企业面临的价格弹性、企业数量、冰山成本等，且梅利茨认为，企业边际生产成本的差异是企业异质性的重要体现。异质性企业贸易理论提出，高生产率企业能更好地克服国际贸易的成本，获得比低生产率企业更多的利润；而随着低生产率企业的淘汰，更多的生产要素转移到高生产率企业，给企业带来更多的利润。可见，高生产率企业在利润驱动下会开展国际贸易。因此，企业的异质性是国际贸易产生的重要原因。

综上所述，随着假设条件的不断放宽，各种贸易理论对贸易动因的解释不断深入。这一趋势实质是影响贸易的边界条件在不断扩展的过程：外生的劳动生产率差异发展为外生的生产要素禀赋、进一步发展为内生的规模经济效应、内生的专业化分工和交易效率、最后是兼具外生性和内生性的企业异质性（见表5－1）。

二　贸易结构

国际贸易结构所要研究的是，在不同假定条件下，商品和服务的跨国

① 邓翔、路征：《新新贸易理论的思想脉络及其发展》，《财经科学》2010年第1期。

② 李春顶：《新新贸易理论文献综述》，《世界经济文汇》2010年第1期。

表 5-1　　国际贸易理论的基本假设和贸易动因

	古典贸易理论	新古典贸易理论	新贸易理论	新兴古典贸易理论	新新贸易理论
代表性理论	1. 绝对优势理论 2. 比较优势理论	1. 生产要素禀赋理论 2. 要素价格均等化理论 3. 里昂惕夫之谜	1. 基于外部规模经济的新马歇尔模型* 2. 基于内部规模经济的新张伯伦模型 3. 古诺双头垄断模型	内生性贸易理论	1. 异质性企业贸易理论 2. 企业内生边界理论
基本假设（技术、要素、产品、市场、企业）	外生技术差异、一种要素、同质产品、完全竞争市场、企业同质	外生技术差异、两种要素、同质产品、完全竞争市场、企业同质	内生技术差异（规模经济）、多种要素、差异化产品、不完全竞争市场（垄断竞争）、企业同质	外生和内生技术差异（专业化分工）、多种要素、差异化产品、不完全竞争市场（交易效率）、企业同质	内生和外生技术差异、多种要素、差异化产品、不完全竞争、企业异质
贸易动因	比较优势（劳动生产率差异）	生产要素禀赋差异	规模经济效应	专业化分工和交易效率改进	企业的异质性
贸易动因的来源	外生	外生	内生	内生	外生和内生

注：* 新马歇尔模型提出外部规模经济效应，但仍承认完全竞争市场成立。

界流向和相互依存关系，要回答国际贸易的生产结构或分工结构。本节同样从假设出发，再比较各种国际贸易理论对国际贸易分工结构的研究，在此分析决定贸易结构的三个假设：市场是否完全竞争、产品是否无差别以及企业是否同质。

依据表 5-1 可知，古典理论和新古典理论都假设市场完全竞争，而新贸易理论、新兴古典理论和新新贸易理论却假定市场不完全竞争。虽然各种贸易理论对于市场是否是完全竞争的观点，并不一致，但都假定要素在国内可以自由流动，却不能在国际自由流动。

（一）古典贸易理论和新古典贸易理论

在完全竞争和要素不能自由流动的假定下，两国除要素外完全相同，而古典理论将要素仅限于劳动，新古典扩展为土地和劳动，因此，古典贸易理论认为分工只能是基于不同产业的劳动生产率差异展开，而新古典贸易理论认为应是基于不同产业的要素禀赋开展贸易。可见，古典和新古典贸易理论对国际贸易分工结构的研究聚焦在产业间贸易。

（二）新贸易理论

该理论假设企业同质，但产品差异化和市场不完全竞争，且存在规模经济效应。在不完全竞争市场中，产品差异化导致产业内分工成为可能，而规模经济效应致使产业内分工有利可图，促成了产业内的贸易。因此，在新贸易模型中，不存在外生技术差距，但是，由于规模经济的存在，如果人们后天选择不同的专业，内生技术差距就会出现。可见，新贸易理论很好解释了产业内贸易。

（三）新兴古典贸易理论

该理论虽同样假设不完全竞争市场、差异化产品、企业同质和存在规模经济，但引入交易效率的概念。萨克斯（Sachs）、杨小凯和张定胜（Sachs，Yang and Zhang，2001）证明一国有可能出口有外生比较劣势的产品，这是因为这个有递增报酬的模型可以产生所谓内生比较优势，并且，该模型还引进交易效率（与交易费用成反比），认为每个国家都应依据生产和交易效率的综合（内生和外生）比较优势进行国际分工。可见，产业间贸易和产业内贸易都能运用新兴古典贸易理论解释，且该理论认为交易效率提高能促进市场一体化，描述国内贸易向国际贸易的演变过程，弥补新贸易理论的不足。

（四）新新贸易理论

在新古典贸易理论中，把企业看作既定技术条件下的最优化生产者和交易者，由于完全竞争市场的存在，企业之间无成本的模仿行为将使超额利润在长期的均衡状况下消失，因此认为企业是同质的。新新贸易理论沿用不完全竞争市场、差异化产品的假设，同时引入基于微观视角的企业异质性假设。米利茨的异质企业贸易模型认为高生产率企业会进入国际市场，而低生产率企业只能获得国内市场，国际分工在高生产率企业间依据企业的异质性展开。由此可见，新新贸易理论将国际分工进一步细化为企业间贸易。另外，安特拉斯的企业内生边界理论讨论本土市场一体化、本土外包、国外一体化和国外外包四种国际分工方式，偏向企业组织形式，与本节逻辑不同，故不纳入讨论范围。

综上所述，各种贸易理论对贸易结构的解释是依据其不断放松的假设前提，而理论的假设放松又是紧贴现实的。人们发现产业内贸易取代产业间贸易成为主流时，贸易理论也随之从产业间分工转为产业内分工的研究；当跨国公司间贸易成为贸易主要载体，贸易理论开始研究企业间贸易（见表5－2）。

表5－2　　国际贸易理论对贸易结构的不同解释

	古典贸易理论	新古典贸易理论	新贸易理论	新兴古典贸易理论	新新贸易理论
贸易结构	产业间贸易	产业间贸易	产业内贸易	国内贸易演变成国际贸易	企业间贸易

三　贸易结果

国际贸易的结果常常被阐述成国际贸易得以持续展开的效果，而贸易利益的获得和分配是效果的主要体现。生产者和消费者构成贸易利益获得的主体（自由贸易时国家无关税收入）。在生产上，生产力的提升是共同的贸易结果，但提升的途径并不相同；在消费上，各种贸易理论都表现出商品消费的数量增加以及商品价格下降的特征，即消费者福利增加。由于生产者生产力上升将导致成本下降、价格下降，进而引发消费者福利上升，因此，生产力上升是贸易结果的本质。本节从生产力提升途径出发，结合贸易利益分配方式，比较各种国贸易理论所揭示的不同的贸易结果。

（一）古典贸易理论

古典贸易理论在生产要素不能流动，但商品可以国际自由流动的前提下，依据外生的劳动生产率差异进行分工。各国都依据绝对优势或比较优势参与国际分工，在劳动总量不变情况下产量获得提高。本质上看，是基于商品的国际流动，通过出口国的高生产率替代进口国低生产率的生产，从而获得生产力的提升。由于理论假设只有劳动一种生产要素，因此劳动力的价值是贸易利益分配的基础，其中两国的高生产率企业受益、低生产率企业受损，消费者剩余增加（商品价格下降、消费数量增加），社会总福利获得提升。在此不难看出，古典贸易理论倡导自由贸易的初衷。

（二）新古典贸易理论

新古典贸易理论在生产要素不能国际流动，但商品可以国际自由流动的前提下，各国依据外生的生产要素禀赋参与国际分工，在劳动生产率不变的情况下，产品成本下降。本质上看，是基于商品的国际流动，通过出口国的廉价生产要素代替进口国昂贵的生产要素，使得商品生产成本下降，从而提升生产力。在新古典贸易理论中，按照要素禀赋进行分工，国内廉价生产要素价格提升，昂贵要素价格下降，且同种要素有国际价格均等化趋势。该理论同样得出社会总福利提升的结论，因此同样倡导自由贸易。

（三）新贸易理论

新贸易理论在不完全竞争市场和规模报酬前提下，认为在不存在外生技术差异和外生要素禀赋差异情况下，贸易可获得规模经济效应，同样带来福利的提升。可见，新贸易理论中，通过规模经济效应，降低商品生产成本，从而提升生产力。在产业内贸易中，出口方的利益就是不完全竞争厂商获得的市场与规模经济利益的总和。进口方利益则是从消费差异产品中获得消费上的满足，进而是福利水平的提高。因此，虽然克鲁格曼提出了战略性贸易政策，但考虑与邻为壑的贸易前景，他更强调自由贸易。

（四）新兴古典贸易

新兴古典贸易理论同样认为在不存在外部技术差异和外部要素禀赋差异情况下，可以获得贸易利益。该理论提出有两种提升生产力的途径：一是专业化分工可以提升生产效率；二是交易效率改进可以降低交易费用，节省商品成本。二者共同导致生产力提升，且促成国内贸易向国际贸易的转变。此时，生产者利益产生于专业化效率提升和交易费用下降，消费者为消费数量提升和价格下降。该理论指出应开展专业化分工，且不断改进交易效率，实现国内贸易向国际贸易的转变。

（五）新新贸易理论

新新贸易理论从微观视角出发，认为可依据企业异质性开展国际贸易。该理论同样指出两种提升生产力的途径：一是在市场竞争环境下，企业优胜劣汰，高生产率企业淘汰低生产率企业，占领低生产率企业原有的市场，使行业的平均生产率提高；二是低生产率企业破产后，原有的生产资源流入高生产率企业，实现资源的优化配置。二者构成生产力提升的微观基础。该理论指出，高生产率企业将通过国际贸易获利、低生产率企业将受损，且生产要素总报酬将提升。那么，构建和强化企业的异质性，鼓励高生产率企业出口，成为一国的可行之策。

综上所述，贸易利益的本质是提升生产力，这是开展国际贸易的基本出发点，但是，获得途径各有不同；同样，贸易利益分配的方式也不同（见表5-3）。

表5-3　国际贸易理论的贸易结果

	古典贸易理论	新古典贸易理论	新贸易理论	新兴古典贸易理论	新新贸易理论
生产力提升的途径	高劳动生产率替代低劳动生产率	廉价生产要素替代昂贵生产要素	规模经济效应导致边际成本递减	1. 交易效率改进降低交易费用；2. 专业化提升生产效率	1. 企业优胜劣汰，导致行业平均生产率提高 2. 资源的优化配置
贸易利益的分配机制（生产方面）	劳动力的价值是贸易利益分配的基础	富裕且廉价的生产要素价格提升，稀缺且昂贵要素价格下降	不完全竞争厂商获得的市场与规模经济利益的总和	厂商受益于专业化效率提升和交易费用下降	高生产率企业获利、低生产率企业受损；生产要素总报酬提升
贸易政策	利用劳动生产率差异	构建和利用生产要素禀赋	开展国际贸易，扩大企业规模。相对于战略性贸易政策，克鲁格曼更强调自由贸易	开展专业化分工，促进交易费用的改进	构建企业的异质性，鼓励大型企业出口

四　本节结论

通过上述分析，可以得出两点结论：

（1）从18世纪的古典贸易理论至21世纪的新新贸易理论，国际贸易纯理论的发展，始终遵循着大致相同的研究方式：贸易动因、贸易结构和贸易结果。这三方面犹如事情的起因、经过和结果一般，层层递进。因此，无论是分析已有国际贸易理论，还是研究国际贸易理论的新发展，都可以遵循贸易动因、贸易结构和贸易结果的三问题分析框架，具体见表5-4。

（2）国际贸易理论可以根据假设条件的不同，归纳为五个阶段。假设的不同，源于不同的社会和经济背景，这又推动着理论不断深入发展。换句话说，贸易实践的不断发展，就是国际贸易纯理论的演进逻辑。因此，随着全球供应链贸易的出现和扩展，国际贸易纯理论有待于进一步发展。

表 5 -4　　国际贸易理论分析框架

	古典贸易理论	新古典贸易理论	新贸易理论	新兴古典贸易理论	新新贸易理论
贸易动因	劳动生产率差异—外生比较优势	生产要素禀赋差异—外生比较优势	规模经济效应—内生比较优势	专业化分工和交易效率改进—内生比较优势	企业的异质性—外生和内生比较优势
贸易结构	产业间贸易	产业间贸易	产业内贸易	国内贸易演变成国际贸易	企业间贸易
贸易结果	高劳动生产率替代低劳动生产率	廉价生产要素替代昂贵生产要素	规模经济效应导致边际成本递减	1. 交易效率改进降低交易费用；2. 专业化提升生产效率	1. 企业优胜劣汰，导致行业平均生产率提高 2. 资源的优化配置

第三节　基于全球供应链的国际贸易理论

本节遵循贸易动因、贸易结构和贸易结果的三问题分析框架，尝试发展国际贸易纯理论，构建基于全球供应链的国际贸易理论。

一　全球供应链贸易的贸易动因

通过第四章的分析可知，主流国际贸易理论可以部分解释基于全球供应链的国际贸易，但也有局限性，体现在产品内分工、要素跨国流动、供应链出口和交易成本变化四个方面。依据第四章第三节的分析，将全球供应链视角融入主流国际贸易理论后，各阶段国际贸易理论都能部分解释钢铁的全球供应链贸易。因此，基于全球供应链的国际贸易，它并非是单因素驱动，应是依据所处不同的供应链生产环节，具有不同的贸易动因。

依据第二节第一部分所述，国际贸易理论对贸易产生原因的不同解释，源于各种理论不同的假设前提。全球供应链视角下，国际贸易理论假设前提的边际增量体现在产品内分工、要素跨国流动、供应链出口和交易成本变化四个方面。因此，本部分基于各阶段国际贸易理论，依据上述四个局限成因，揭示全球供应链贸易的动因。

（一）产品内分工下的贸易动因[①][②][③]

依据第四章第二节分析，主流国际贸易理论中大多沿用产业间分工和产业内分工的视角，而产品内分工突破原有理论边界[④][⑤]，将更为细致的分工形式引入国际贸易理论，发展了国际贸易理论。以古典贸易理论为例，生产产品的比较优势发展为生产环节的比较优势，其实质是古典贸易理论的贸易动因——比较优势的发展。

同理[⑥]，在产品内分工视角下，新古典贸易理论的贸易动因——要素禀赋，从生产产品的要素禀赋发展为生产环节的要素禀赋。新贸易理论的贸易动因——规模经济，从产品的规模经济效应转变为生产环节的规模经济效应。新兴古典贸易理论的贸易动因——专业化分工和交易效率，由产品的专业化分工和交易效率改进，发展为生产环节的专业化分工和交易效率改进。新新贸易理论的贸易动因——企业异质性，由企业的生产产品的异质性，发展为企业的生产产品的某一环节的异质性。

（二）要素跨国流动下的贸易动因

由于新古典贸易理论忽视要素的国际流动，假定要素可国内流动，不可国际流动[⑦]，因此将国际贸易的动因解释为各国初始生产要素禀赋的差异。依据第四章第二节第二部分的分析，当要素发生国际流动后，一国可用于生产的生产要素，不再局限于国内初始要素禀赋[⑧]，而是本国初始要素和进口要素的总和，即可获得的生产要素总量。因此，在要素可国际流动的视角下，新古典贸易理论的贸易动因——要素禀赋，由一国国内的要

---

① 邓翔、路征：《新新贸易理论的思想脉络及其发展》，《财经科学》2010年第1期。

② Hijzen, Alexander, "International Outsourcing, Technological Change and Wage Inequality", *Review of International Economics*, No. 15, 2006, pp. 188 - 205.

③ Hummels, D., Jun Ishii and Kei - Mu Yi, "The Nature and Growth of Vertical Specialization in World Trade", *Journal of International Economics*, No. 54, 2001, pp. 75 - 96.

④ Grossman, "Trading Tasks: A Simple Theory of Offshoring", *American Economic Review*, Vol. 98, No. 5, 2008.

⑤ Pavcnik, N., "Trade Liberalization, Exit, and Productivity Improvements: Evidence from Chilean plants", *Review of Economic Studies*, Vol. 69, No. 1, 2002.

⑥ Linden, G. and Kraemer, K., "Who captures value in a global innovation network? The case of Apple's iPod", *Commun ACM*, Vol. 52, No. 3, 2009.

⑦ Heckscher, F., "The Effect of Foreign Trade on the Distribution of Income", *Ekonomisk Tidskrift*, Vol. 21, No. 2, 1919.

⑧ Hijzen, Tomohiko Inui and Yasuyuki Todo, "Does Offshoring Pay? Firm - Level Evidence from Japan", *Economic Inquiry*, No. 48, 2010, pp. 880 - 895.

素禀赋，发展为一国可获得的要素禀赋。

（三）供应链出口下的贸易动因

新新贸易理论认为[①②]，企业的异质性是国际贸易发生的原因，而生产率差异和组织结构是企业异质性的主要代表。依据第四章第二节第三部分的分析，在供应链出口视角下，供应链企业间的协作生产方式代替了企业的单独生产方式，任何一个产品的出口，背后都有一整条供应链的参与。因此，在供应链出口视角下，新新贸易理论的贸易动因——企业的异质性，由单独企业的内部异质性发展为内部和外部两层面的异质性。

另外，在第四章第二节第三部分中，分析了供应链出口对新贸易理论的影响，结论是新贸易理论所衡量的产品出口规模，其中“产品”的概念应当向外延伸，即产品出口包含最终产品和中间品贸易。可见，新贸易理论的出口规模，应包含最终产品贸易和中间品贸易两种形式。

（四）交易成本变化下的贸易动因

新兴古典贸易理论并未意识到，随着贸易自由化和运输效率的提升，以及企业间的供应链协作生产，全球供应链贸易的交易成本大幅下降，甚至可能低于国内贸易。从而仓促得出，国际交易成本必将大于国内交易成本的结论。因此，在交易成本变化下，新兴古典贸易理论的贸易动因——交易效率，由普通贸易下的交易效率，发展为全球供应链贸易下的交易效率。

综上所述，在全球供应链视角下，产品内分工、要素跨国流动、供应链出口和交易成本变化成为四个增量假设，而假设的边际增量导致主流国际贸易理论的贸易动因发生相应改变。古典贸易理论引入产品内分工的假设，贸易动因从生产产品的比较优势发展为生产环节的比较优势；新古典贸易理论引入产品内分工和要素流动的假设，贸易动因从生产要素禀赋差异发展为生产环节的可获得要素禀赋差异；新贸易理论引入产品内分工假设，贸易动因从产品的规模经济效应转变为生产环节的规模经济效应；新兴古典贸易理论引入产品内分工和交易成本变化的假设，贸易动因从专业化分工和交易效率改进发展为生产环节的专业化分工和全球供应链贸易下的交易效率；新新贸易理论引入产品内分工和供应链出口的假设，贸易动

① 白永秀、赵勇：《企业同质性假设、异质性假设与企业性质》，《财经科学》2005 年第 1 期。

② Ghironi, F. and Melitz, M. J., “International Trade and Macroeconomic Dynamics with Heterogeneous Firms”, *Quarterly Journal of Economics*, Vol. 120, No. 3, 2005.

因从企业的内部异质性，发展为企业的内部和外部异质性。

本部分第一段已说明，全球供应链贸易的贸易动因应是依据所处不同的供应链生产环节，具有不同的贸易动因。因此，综合各主流国际贸易理论的贸易动因，可得全球供应链贸易的贸易动因：供应链的比较优势、供应链可获得的要素禀赋差异、供应链的规模经济效应、供应链的专业化分工和交易效率、企业的内部和外部异质性（见表5-5）。

表5-5　增量假设对贸易动因的影响和全球供应链贸易动因

	古典贸易理论	新古典贸易理论	新贸易理论	新兴古典贸易理论	新新贸易理论
主流贸易理论的基本假设（技术、要素、产品、市场、企业）	外生技术差异、一种要素、同质产品、完全竞争市场、企业同质	外生技术差异、两种要素、同质产品、完全竞争市场、企业同质	内生技术差异（规模经济）、多种要素、差异化产品、不完全竞争市场（垄断竞争）、企业同质	外生和内生技术差异（专业化分工）、多种要素、差异化产品、不完全竞争市场（交易效率）、企业同质	内生和外生技术差异、多种要素、差异化产品、不完全竞争、企业异质
主流贸易理论的贸易动因	比较优势	生产要素禀赋差异	规模经济效应	专业化分工和交易效率改进	企业的内部异质性
全球供应链视角的增量假设	产品内分工	1. 产品内分工 2. 要素跨国流动	产品内分工	1. 产品内分工 2. 交易成本变化	1. 产品内分工 2. 供应链出口
增量假设对贸易动因的影响	生产环节* 的比较优势	1. 生产环节的要素禀赋 2. 可获得的要素禀赋差异	生产环节的规模经济效应	1. 生产环节的专业化分工和交易效率改进 2. 全球供应链贸易下的交易效率	1. 生产环节的异质性 2. 企业的内部和外部异质性
全球供应链贸易的动因	供应链的比较优势	供应链的可获得的要素禀赋差异	供应链的规模经济效应	供应链的专业化分工和交易效率	企业的内部和外部异质性

注：* 生产环节实质是供应链的各个节点，因此可用供应链替代生产环节。

二　全球供应链贸易的贸易结构

国际贸易结构所要研究的是，在不同假定条件下商品和服务的跨国界流向和相互依存关系，要回答国际贸易的生产结构或分工结构。

依据第三节一的分析，产品内分工是全球供应链贸易的增量假设之一，也是全球供应链的特点。第四章第一节第一部分中曾指出，产品内分工是一种特殊的经济国际化演进过程或展开结构，其核心内涵是特定产品生产过程不同工序或区段，通过空间分散化展开成跨区或跨国性的生产链条或体系，从而使越来越多国家或地区的企业参与特定产品生产过程不同环节或区段的生产或供应活动。

由此可见，基于产品内分工的全球供应链贸易，其贸易结构，即"商品和服务的跨国界流向"体现为：在企业参与不同生产环节背景下，企业所生产的产品在供应链间的流动。其中，需要强调三点：（1）所指产品应涵盖一级产品和二级产品；（2）供应链应是全球性的，即战略全球化的，不受地理位置的限制；（3）流动也应是全球性的，无论表现为国内流动，还是国际流动。

因此，全球供应链贸易的贸易结构就是产品内分工，或称供应链分工。

三　全球供应链贸易的贸易结果

国际贸易的结果常常被阐述成国际贸易得以持续展开的效果，而贸易利益的获得和分配是效果的主要体现。

依据第三节的分析，全球供应链贸易的贸易动因是依据企业所处不同供应链生产环节所具有的不同贸易动因，具体表现为：供应链的比较优势、供应链的可获得的要素禀赋差异、供应链的规模经济效应、供应链的专业化分工和交易效率、企业的内部和外部异质性。

因此，由于供应链贸易中各个节点的贸易动因不同，必然导致其贸易结果的多元化。例如，企业凭借比较优势参与供应链分工，其贸易结果即生产力提升，源于某节点处高劳动生产率替代低劳动生产率；若企业凭借规模经济参与供应链分工，其贸易结果又体现为，某节点处的边际成本递减。

由此可见，具备多种贸易动因的全球供应链贸易，其贸易结果是：某节点处高劳动生产率替代低劳动生产率、某节点处廉价生产要素替代昂贵生产要素、某节点处规模经济效应导致边际成本递减、某节点处交易效率改进降低交易费用和专业化提升生产效率，以及某节点处的平均生产率提高和资源的优化配置。

四　本节结论

通过上述三节的分析，基于全球供应链的国际贸易理论，可总结为表5－6。

表5－6　　基于全球供应链的国际贸易理论分析框架

基本假设	1. 主流贸易理论假设：内生和外生技术差异、多种要素、差异化产品、不完全竞争、企业异质 2. 增量假设：产品内分工、要素跨国流动、供应链出口、交易成本变化
贸易动因	1. 供应链的比较优势 2. 供应链的可获得的要素禀赋差异 3. 供应链的规模经济效应 4. 供应链的专业化分工和交易效率 5. 企业的内部和外部异质性
贸易结构	产品内分工（供应链分工）
贸易结果	1. 某节点处高劳动生产率替代低劳动生产率 2. 某节点处廉价生产要素替代昂贵生产要素 3. 某节点处出口规模提升导致边际成本递减 4. 某节点处交易效率改进降低交易费用和专业化提升生产效率 5. 某节点处的平均生产率提高和资源的优化配置

基于表5－6，本书将基于全球供应链的国际贸易理论表述为：在经济全球化的背景下，一国可凭借包括供应链的比较优势、供应链的要素禀赋差异、供应链的规模经济效应、供应链的专业化分工和交易效率以及企业内部和外部异质性等多种动因，参与全球供应链分工，形成商品在供应链内的国际流动，并实现参与节点的高劳动生产率替代低劳动生产率、廉价生产要素替代昂贵生产要素、出口规模提升导致边际成本递减、交易效率改进降低交易费用和专业化提升生产效率，以及平均生产率提高和资源的优化配置，最终获得出口产业的生产力提升。

第四节 新国际贸易理论带来的启示和命题

依据第三节构建的基于全球供应链的国际贸易理论，可以从中得到三点启示和三个命题。启示是新国际贸易理论引发的思考；而命题基于新国际贸易理论出发发现的新现象。

一 三个启示

（一）各种国际贸易理论间的关系

众所周知，国际贸易理论历经 200 余年发展，分支众多，而如何处理各种贸易理论之间的关系，是摆在经济学家面前的一道难题。处理思路无非有两种：一是将贸易现象划分为不同类别，用不同理论解释不同现象；二是将各种贸易理论综合起来，构建一个包含多解释变量的一般化模型，但未有任何突破性进展。

通过前文分析不难发现，尝试运用某个主流国际贸易理论解释钢铁的全球供应链贸易，解释力有限，反而凸显理论的局限性（参见第三章第三节有关内容）；而各个主流贸易理论都部分解释了钢铁贸易，这同样表明并不能简单地排除某一种贸易理论（参见第四章第三节有关内容）。

而基于全球供应链的国际贸易理论，一方面，它是一个针对全球供应链贸易的理论，适合解释全球供应链贸易现象，符合第一种思路；另一方面，该理论涵盖主流贸易理论的多种贸易动因，实质上是一种对各种贸易理论的综合，符合第二种思路。因此，各贸易理论之间的关系，不仅可分而治之，同样可综合考虑。

（二）新的交叉方向

国际贸易学，是经济学的一个二级学科，依据 2011 年颁布的《学位授予和人才培养学科目录》，经济学编码为 02，国际贸易学为 020206。而从属于管理学的供应链理论，虽未被列入二级学科，但早已是管理学研究的热点。

因此，基于全球供应链的国际贸易，将管理学的供应链理论和经济学的国际贸易理论交织在一起，提供了一个管理学和经济学的交叉方向，有待于进一步拓展。

（三）国际贸易政策的发展

经济全球化时代，随着生产技术和产品复杂度的不断提升，全球供应链的生产方式将成为主流。在这一生产方式下，发展中国家可以不再因为技术水平低、资本薄弱而不得不放弃高新技术产品的生产，它们可以凭借在高新技术产品某个生产环节的比较优势、资源禀赋、规模效应，或是较高的交易效率，或是高效的供应链参与国际分工，融入国际经济系统。这为发展中国家进行产业结构调整和升级，跳出比较优势陷阱提供了一个思路。

二　三个命题

（一）全球供应链视角下，国内贸易含有国际贸易的成分

国际贸易和国内贸易同属商品交换范畴，在性质上并无不同，二者区别在于是否具有跨国性。随着运输技术和工具的不断提升，空间距离对贸易的限制在不断降低，运输成本不断降低。笔者认为，在交易费用不断下降的前提下，供应链生产方式将逐渐成为主导。国内贸易的商品，往往从属于某个全球供应链之中，或多或少含有国外中间品，包含部分国际贸易的成分。因此，命题一得证。

这意味着，完全区分国内贸易和国际贸易已经不切实际。因此，制定国际贸易政策的难度将加大，国际贸易政策的有效性也面临挑战，也许自由竞争是国际贸易政策的最终选择。

（二）全球供应链视角下，出口商品的统计范畴需外延

在全球供应链的生产方式下，出口的最终产品（一级产品）中包含有，来自国内外的中间品（二级产品）。如船舶出口，其必然伴随着大量作为中间品的钢材的出口，但这部分钢材的出口，却没有纳入钢材的出口统计之中。

这说明，现行的国际贸易统计方式，以及依据贸易量衡量贸易竞争力的评价指标都需要调整。可见，命题二成立。

（三）全球供应链视角下，生产大国也是贸易大国

二者区别在于：生产大国是由产品的产量来衡量的，而贸易大国是由产品的对外贸易量来衡量。在传统观念下，产品的生产完全由一个国家独立完成，不涉及贸易；而全球供应链背景下，产品的生产实质体现为一系列的基于供应链的生产与交易过程。

在供应链全球生产中，二级产品生产后，将通过全球贸易，运达供应

链的其他节点企业并生产一级产品，而后，一级产品也将通过全球贸易，到达消费者手中。可见，生产与贸易已经融为一体，生产过程必将伴随着大量的国际贸易，因此，生产大国也即贸易大国。命题三得证。

这恰恰说明，在全球经济一体化时代，一个国家的发展离不开国际贸易。意在阻挡国外竞争、保护国内产业的贸易政策，将倒逼本国产业退出全球供应链，最终损害本国产业的长远发展。

第五节　本章小结

本章共分四节，首先，对国际贸易理论演进的文献进行综述；其次，基于贸易动因、贸易结构和贸易结果三个方面，构建国际贸易理论的分析框架；再次，依据国际贸易理论的分析框架，构建基于全球供应链的国际贸易理论；最后，讨论新理论带来的三个启示和三个命题，各节主要内容如下：

第一节对国际贸易理论演进的文献进行综述，指出国内外经济学界对各种国际贸易纯理论已经有了比较全面的研究，但是对国际贸易纯理论的发展规律和演进逻辑的研究有待深入。

第二节依据贸易动因、贸易结构和贸易结果的三个国际贸易理论的基本问题，结合古典贸易理论、新古典贸易理论、新贸易理论、新兴古典贸易理论和新新贸易理论，揭示国际贸易理论的演进逻辑，并构建国际贸易理论的分析框架。

第三节依据国际贸易理论的分析框架，构建基于全球供应链的国际贸易理论。将基于全球供应链的国际贸易理论表述为：在经济全球化的背景下，一国企业可凭借包括比较优势、要素禀赋差异、规模经济效应、专业化分工和交易效率，以及内部和外部异质性等多种动因，参与全球供应链分工，形成商品在供应链内的国际流动，并实现参与节点的高劳动生产率替代低劳动生产率、廉价生产要素替代昂贵生产要素、规模经济效应导致边际成本递减、交易效率改进降低交易费用和专业化提升生产效率，以及平均生产率提高和资源的优化配置，最终获得出口产业的生产力提升。

第四节依据基于全球供应链的国际贸易理论，从中得到三点启示和三个命题。启示，即新的国际贸易理论引发的思考，分别是各种国际贸易理论间的关系、新的交叉方向和国际贸易政策的发展。而命题，是基于新的国际贸易理论出发，全球供应链视角下，发现的新现象，分别是国内贸易含有国际贸易的成分、出口商品的统计范畴需外延和生产大国也是贸易大国。

综上所述，通过本章分析，依据贸易动因、贸易结构和贸易结果的理论分析框架，构建基于全球供应链的国际贸易理论尝试为新的贸易现象，即基于全球供应链的国际贸易提供理论支持。当然，新理论成立与否，仅仅依靠规范性分析是不够的，第六章将对新理论进行实证分析，以期提升新理论的可靠性。

第六章　全球供应链贸易理论模型与实证检验

实践是检验真理的唯一标准，一个成熟的经济理论，必备逻辑分析和模型实证两个方面。逻辑分析告诉我们“是什么”，而模型实证则是对此的检验。本章立足于主流国际贸易理论模型，构建基于全球供应链的国际贸易理论模型，并结合中国钢铁贸易发展实践检验理论模型。

第一节　经典国际贸易理论模型述评

为构建基于全球供应链的国际贸易理论的模型，本节对主流的国际贸易理论模型，即对古典贸易理论、新古典贸易理论、新贸易理论、新兴古典贸易理论和新新贸易理论的模型进行分析和评述，以期学习和借鉴。

一　古典贸易理论模型

本书从经典的比较优势理论的模型开始。假设是构造理论的前提，比较优势理论的蕴涵着如下假设①：

（1）劳动是唯一生产要素；

（2）每个劳动完全相同，彼此没有差别；

（3）各国劳动力总量固定不变；

（4）生产要素在国内不同产业之间可以自由流动，但是国家之间不能流动；

（5）相对劳动量是决定产品相对价值的唯一因素；

（6）给定两国不同的外生技术水平，这是两国劳动生产率不同的唯

① 此处是比较优势理论全部的前提假定，而表 5－1 中的假定，是为横向比较国际贸易理论而重点分析的五个方面。其他国际贸易理论的假定不再赘述，只针对不同点展开分析。

一原因；

（7）要素投入的规模报酬不变；

（8）完全就业；

（9）国际和国内市场完全竞争，没有交易成本和运输费用。

假定李嘉图的两国两商品实物交易模型中，包括国家1和国家2两个国家，X 和 Y 两种产品，可用 a_{mn} 表示 m 国生产产品 n 需要的劳动力，L_m 表示 m 国的劳动总量，P_n 表示国际贸易中产品 n 的价格，则国家1生产并出口产品 X 的条件为：

$$\frac{L_1}{a_{1x}} \cdot \frac{P_x}{p_y} > \frac{L_1}{a_{1y}} \tag{6.1}$$

式中，左边表示出口商品 X 能够换回的商品 Y 的数量，右边表示国内自产商品 Y 的数量，整理得：

$$a_{1y} \cdot P_x > a_{1x} \cdot P_y \tag{6.2}$$

那么，国家2出口商品Y的条件为：

$$a_{2y} \cdot P_x < a_{2x} \cdot P_y \tag{6.3}$$

则，用（6.2）式除以（6.3）式，得到：

$$\frac{a_{1x}}{a_{2x}} < \frac{a_{1y}}{a_{2y}} \tag{6.4}$$

依据（6.4）式，两国在两种商品上的劳动需求量 a_{mn}，是导致国际贸易的唯一因素。① 即古典国际贸易模型验证了古典贸易理论的思想，劳动生产率差异是导致国际贸易的动因。

二　新古典贸易理论模型

依据表5－1，相对于古典贸易理论的单一劳动要素，新古典贸易理论假设有两种生产要素，且同种产品面临的生产函数相同，其他假定相同。

假定在要素禀赋模型中，包括国家1和国家2两个国家，X 和 Y 两种产品，L 和 K 两种要素。其中，X 为劳动密集型商品，Y 为资本密集型商品；工资为 w，利率为 r；国家1劳动充裕国，国家2为资本充裕国。P_{mn} 为 m 国 n 商品。商品生产函数为柯布—道格拉斯生产函数（Cobb－Douglas production function），Q_x、Q_y 分别为生产数量，a、b 分别为 L 和 K 的

①　罗璞、李斌：《再论比较优势、绝对优势与DFS模型》，《当代经济科学》2004年第11期。

投入系数，可得：

$$Q_x = A \times L_x^a \times K_x^{1-a} \tag{6.5}$$

$$Q_y = B \times L_y^b \times K_y^{1-b} \tag{6.6}$$

其中，A 和 B 分别为生产 X 和 Y 的综合技术水平。由于产品只有两种生产要素，因此，生产成本为：

$$C_x = a \times w + (1-a) \times r \tag{6.7}$$

$$C_y = b \times w + (1-b) \times r \tag{6.8}$$

开放条件下，两国自给自足的条件为：两国间的商品比价相等（完全竞争时，成本等于价格），即：

$$C_{1x}/C_{1y} = C_{2x}/C_{2y} \tag{6.9}$$

代入（6.7）式和（6.8）式，经整理得两国自给自足的条件为：

$$w_1/r_1 = w_2/r_2 \tag{6.10}$$

而依据假定，国家 1 劳动充裕国，国家 2 为资本充裕国，可知，$w_1 < w_2$，且 $r_1 > r_2$。即：

$$w_1/r_1 < w_2/r_2 \tag{6.11}$$

因此，当两国要素禀赋不同时，即使不存在劳动生产率的差异，国际贸易仍然能够发生，且要素禀赋是国际贸易的动因。

三　新贸易理论模型

保罗·克鲁格曼是第一个同时用规模经济和不完全竞争来分析国际贸易，并建立理论模型的经济学家。其在 PP—ZZ 模型中假定企业内部规模经济，且市场为垄断竞争结构。PP—ZZ 模型由三个等式构成：

$$\begin{cases} l_i = a + b \times x_i, (a > 0, b > 0) \\ L = \sum l_i = \sum (a + b \times x_i) \\ L_{ci} = x_i \end{cases} \tag{6.12}$$

第一个等式表示企业 i 所需的要素（劳动）投入，其中，a 为固定投入，x_i 是企业 i 的产出，b 是反映投入产出关系的系数。该式表明企业具有规模经济。第二个等式表示要素市场供给与需求的均衡，其中，L 为总人口或总劳动力。第三个等式表示产品市场的均衡，其中，ci 是每人对产品 i 的消费，L_{ci} 代表产品 i 的总需求。

依据垄断竞争企业的利润最大化均衡和长期均衡条件，分别可得：

$$p/w = b \times e/(e-1) \tag{6.13}$$

$$p/w = b + a/(L \times ci) \tag{6.14}$$

（6.13）式为 PP 曲线，其中，p 为产品价格，w 为劳动工资率，e 为需求价格弹性的绝对值，且 e 与 c 负相关。可见，PP 曲线中 p/w 与 c 正相关，说明个人对产品的需求量越大，企业所能出售的产品价格就越高。而（6.14）式为 ZZ 曲线，其中 p/w 与 c 负相关，说明个人对产品的需求量越大，企业的生产规模越大，而产品的价格就越低。PP 曲线和 ZZ 曲线的交点是每种产品的均衡价格和个人对该产品的消费量。

在开放条件下，随着国际贸易的产生，总人口得以增加，此时 PP 曲线没有影响，但 ZZ 曲线向左下方移动。在长期均衡时，产品价格下降意味着产品平均成本的下降，也反映了每个企业扩大生产后产生的规模经济。

因此，在两个偏好、资源和技术都相同的国家，企业仍然会通过贸易扩大市场，获得规模经济，使生产成本和产品价格下降。可见，规模经济是国际贸易的动因。

四　新兴古典贸易理论模型

杨小凯立足古典的分工思想，采用超边际分析方法，创立了新兴古典贸易理论。模型同样考虑两个国家，分别记为国家 1 和国家 2，国家 i 有 M_i 个消费者和生产者。x_i、y_i 表示产品 X 和 Y 的自给量，x_i^d、y_i^d 表示购买量，k 为交易条件系数，表示每购买一单位商品能够获得的比例，而 $(1-k)$ 即为交易损失。假设同一个国家内的个人事前都是相同的，有如下形式的效用函数：

$$u_i = (x_i + k_i x_i^d) \times (y_i + k_i y_i^d)^{1-e} \tag{6.15}$$

令 L_{ix} 和 L_{iy} 表示生产 X 和 Y 的劳动数量，和分别表示产品的出口供给量，且生产 X 具有固定的学习费用 $b<1$，以及规模报酬 $c>1$，则国家 1 和国家 2 的个人生产函数为：

$$x_1 + x_1^s = c \times (L_{1x} - b), y_1 + y_1^s = L_{1y} \tag{6.16}$$

$$x_2 + x_2^s = c \times (L_{2x} - b), y_2 + y_2^s = L_{2y} \tag{6.17}$$

针对两种产品的自给量、购买量和售卖量，每个人面临六个变量，即 x_i、y_i、x_i^d、y_i^d、x_i^s 和 y_i^s。根据文定理①，个人的生产、买入和卖出决策可

① 文（1998）已经证明个人不会同时既买又卖同样的产品，也不会同时既生产又买同样的产品，最多卖一种产品。

归纳为三个模式：第一，自给自足，即个人生产两种产品供自己消费；第二，专业生产 x，且卖 x 买 y；第三，专业生产产品 y，且卖 y 买 x。

依据角点均衡①条件，采用超边际分析，比较不同模式下的效用。依据效用最大化原则②，发现随着交易效率 K 的改进，均衡的分工水平从自给自足到局部分工，最后是完全分工。因此，新兴古典贸易理论认为，随着交易效率的不断改进，专业化分工得以形成，则国际贸易应运而生。

五　新新贸易理论模型

基于企业生产率差异，米利茨提出异质企业贸易模型，该模型扩展了克鲁格曼（1982）的垄断竞争贸易模型，将贸易理论研究对象扩展到企业层面。

采用不变替代弹性（CES）效用函数，其中，n 为产品类型，m 为产品可用产品种类数，q 为产品 n 的消费量，ε 为时间贴现率（$0<\varepsilon<1$），并且产品间的不变替代弹性 $\sigma=1/(1-\varepsilon)>1$，则效用函数为：

$$U=\left[\int_{n\in m} q(n)^{\varepsilon} d_n\right]^{\frac{1}{\varepsilon}} \tag{6.18}$$

依据 DS 模型③，可得各产品的价格为：

$$P=\left[\int_{n\in m} p(n)^{1-\sigma} d_n\right]^{\frac{1}{1-\sigma}} \tag{6.19}$$

假定垄断竞争结构下，生产只需劳动一种生产要素，且有规模经济，生产成本分为固定成本和变动成本两部分。其中，表示劳动投入量，f 表示固定成本，φ 表示企业生产率，则成本函数为：

$$l=f+\frac{q}{\varphi} \tag{6.20}$$

令 r 为收入，π为企业利润，则企业利润可表示为：

$$\pi(\varphi)=r(\phi)-l(\varphi) \tag{6.21}$$

依据企业一般均衡条件可知，存在 φ^*，使π（φ^*）$=0$，即 φ^* 为企业的停止营运点，也是最低生产率。

---

① 三个条件：（1）相对价格下，各国每个人都最大化各自的效用；（2）市场出清；（3）同一国内，选择不同模式的人效用相等。

② 详细推导过程，参见张定胜、杨小凯《具有内生比较优势的李嘉图模型和贸易政策分析》，《世界经济文汇》2003 年第 1 期。

③ 推导过程，详见 M. J. Melitz, The Impact of Trade on Intra – Industry Reallocations and Aggregate Industry Productivity［J］. *Econometrica*, 2003, 71（6）: 1695 – 1725。

由于通常国际贸易成本高于国内贸易，因此，出口企业生产率 φ_x^* > 平均生产率 φ^* > 内销企业生产率 φ_d^*。则在开放条件下，国内所有企业的停止营运点将从 φ_d^* 提升至 φ^*，即产生淘汰效应和自选择效应。可见，异质性成为国际贸易的动因。

六　经典贸易模型的启示

通过以上五个经典贸易理论的模型分析发现，每一个模型都以贸易动因为解释变量，探讨各自对国际贸易的影响。其中，在古典李嘉图模型中，两国在两种商品上的劳动需求量 a_{mn}，代表国内商品和国外商品的比较优势（单位劳动的成本更低），决定专业化分工的方向。新古典贸易理论模型中，$w_{1/}r_1$ 和 $w_{2/}r_2$ 的比值，代表两国之间要素禀赋的差异（要素充裕则成本低廉），在开放条件下，各国都应专业生产要素充裕的产品。新贸易理论模型中，劳动人口 L 的变化，代表消费人口的变化，即消费规模。国际贸易导致消费规模扩大，导致产品价格下降。新兴古典贸易理论模型，交易成本系数 k 的变化，代表交易效率的变化，而交易效率决定着均衡的分工水平，随着交易效率的改进，均衡的分工水平从自给自足到局部分工，最后是完全分工。新新贸易理论模型中，生产率代表企业的异质性，而只有生产率足够高的企业才能从事贸易并从中获益，因此，异质性决定着企业是否参与国际贸易。

因此，构建基于全球供应链的国际贸易理论模型，一方面，遵循第五章的理论分析，依据理论逻辑，挖掘新的解释变量和被解释变量；另一方面，参照经典的贸易模型，同样以贸易动因为解释变量，基于解释变量和被解释变量间的相关性，构建新的贸易模型。

第二节　全球供应链贸易模型的构建

本书基于基本前提、关键假设、解释变量和被解释变量四个方面，尝试构建全球供应链贸易的理论模型。

一　基本前提

假设前提是理论的基石，前提假设不同则理论结论不同。在国际贸易理论中，大致有 10 个前提假设（不同学者归纳有差异）。纵观五个经典国际贸易理论，虽然前提假设不尽相同，但为使分析对象的理想化，基本前提大体一致：(1) 分析框架都是基于古典贸易理论的 2×2×1 模型的扩展；(2) 完全就业；(3) 国际收支平衡；(4) 不存在贸易限制。

基于全球供应链的贸易理论，作为对经典贸易理论的一种逻辑延续，其基本假设与主流贸易理论完全一致。

二　关键假设

本书中，基本前提与关键假设的区别在于：前者是为使理论分析环境理想化而设立，其结果表现为贸易理论的相似性；而后者，则是为使研究对象凸显而设立，其结果表现为贸易理论的差异性。

依据表 5－1 的分析，主流国际贸易理论的关键假设各不相同，体现在五个方面：生产技术的差异、生产要素的种类、市场结构的差异、产品质量的差异以及企业是否同质。实质上，上述五个方面，即为不同的贸易动因。

依据第五章分析，相对于主流贸易理论，基于全球供应链的国际贸易理论本质上是经典国际贸易理论在全球供应链视角下的逻辑延伸。而全球供应链的视角，其理论逻辑可解读为四点：一是由于生产的复杂化和模块化，导致产品内分工的出现；二是由于产品内分工的存在，导致供应链生产的出现；三是供应链生产的普遍化，导致表现为供应链形式出口的中间品贸易大幅增长；四是基于经济全球化的供应链全球布局，导致生产要素的跨国流动。

因此，全球供应链贸易理论的关键假设，除假定内生和外生技术差异、多种要素、差异化产品、不完全竞争和企业异质外，还假定存在产品内分工、供应链生产、中间品贸易和要素跨国流动。

三　解释变量和被解释变量

依据第一节分析，经典国际贸易理论模型中大多从生产出发，分别以生产数量、生产成本和生产效用为解释变量，分析其在均衡状态下，国际贸易的产生。且所有经典贸易模型中，最终都将解释变量聚焦为唯一，即各自的贸易动因。

而全球供应链贸易理论，是以国际贸易存在为出发点，延展经典贸易理论的贸易动因，并依此解释基于全球供应链的国际贸易。因此，本书将基于供应链的出口（包含中间品和最终品贸易）视为被解释变量，将各个贸易动因视为解释变量，构建模型。依据表 5－6 的内容，贸易动因具体为：供应链的比较优势、可获得的要素禀赋差异、供应链的规模经济效应、供应链的专业化分工和交易效率，以及企业的内部和外部异质性。

四　理论模型

依据基本前提、关键假设、解释变量和被解释变量，全球供应链贸易模型可定义为：

$$Y = f(D, K, M, Q, T, u) \tag{6.22}$$

式中，Y 为供应链的出口数量（包含中间品和最终品的总出口量），D 为企业的异质性，K 为供应链面临的交易成本，M 代表可跨国流动的生产要素，Q 代表供应链环节的规模经济效应，T 供应链环节的技术差异，u 代表除上述五因素之外的影响。

基于理论分析可知，Y 预期与 D、M、Q 和 T 成正比，与 K 成反比，可得：

$$Y = \frac{D^a \times Q_b \times T_c}{K_d} \times M^e \times u \tag{6.23}$$

式中，a、b、c、d 和 e 分别为相应的弹性。可见，（6.23）式是对表 5－6 的模型化处理结果。

第三节　变量的定义与整理

本书选取中国钢铁的全球供应链贸易，对全球供应链贸易模型进行实证检验，理由有二：一方面，中国是钢铁生产和贸易大国，钢铁工业和钢铁贸易的发展对国民经济发展至关重要；另一方面，依据第二章分析，从参与主体、参与条件与参与客体三方面看，钢铁贸易属于一种全球供应链贸易，具有典型的“两头在外”的特征。

一　模型变量的定义

基于（6.23）式中各变量的含义，结合钢铁贸易的数据，依照数据的可获得性和连续性的原则，将模型中各变量定义如下：

（1）供应链的出口数量 Y 定义为：基于供应链的，表现为中间产品和最终产品形式出口的钢铁总量。最终产品的出口数量可直接查获，而中间产品贸易数量无从查找。本书依据中国历年投入产出表，计算 Y 值。

（2）企业的异质性 D 定义为：钢铁企业所在供应链的异质性，即一种企业的外部异质性。依据投入产出的思想，钢铁的生产需要农林牧渔业、煤炭开采和洗选业等众多部门的投入，而所有部门对钢铁的投入和产出，正好构成钢铁生产的整个供应链。因此，同样依据投入产出表，计算 D 值。

（3）供应链面临的交易成本 K 定义为：钢铁供应链面临的交易成本。借鉴戎梅（2011）① 的思路，用单位钢铁周转费用代表单位钢铁交易成本，考察交易成本对贸易的影响。

（4）可跨国流动的生产要素 M 定义为：生产钢铁所需的铁矿石价值，即中国国内开采和国外进口的铁矿石的总价值。众所周知，钢铁生产需要消耗大量的铁矿石，而中国作为产钢大国，近年进口铁矿石数量惊人，铁矿石进口依存度超过50%。

（5）供应链环节的规模经济效应 Q 定义为：中国钢铁企业的平均生产规模。中国钢铁生产具有"两头在外"的特征，即供应链中的原材料生产和最终产品消费在国外，而钢铁冶炼环节在国内，因此，用钢企的平均生产规模代表供应链环节的规模经济效应。

（6）供应链环节的技术差异 T 定义为：连铸比。连铸比是指连铸合格坯产量占钢总产量的百分比，连铸是钢铁生产的首要核心技术，而连铸比是反映一个国家钢铁工业综合水平的主要指标之一。而在供应链中，钢铁的生产环节在中国，因此，本书采用连铸比代表供应链环节的技术差异。

二 变量数据的计算和整理

（一）供应链的出口数量

基于供应链的钢材出口量 Y，涵盖中间产品和最终产品的出口数量。以最终产品形式出口的钢铁数量，通过查询历年《中国钢铁工业年鉴》② 即可。但是，度量以中间产品形式出口的钢铁，这一指标没有任何统计数据可以直接获得，而具体计算每一种出口产品中所包含的钢铁，在没有详细的行业数据时，根本行不通。

经过反复的比较和思考，投入产出分析是一种计算中间产品出口数量

① 戎梅：《我国单位物流成本对国际贸易的影响》，《商业经济》2011 年第 1 期。

② 中国钢铁工业协会：《中国钢铁工业年鉴》（1987—2011），中国冶金出版社 1987—2011 年版。

的可行方法。投入产出分析①是研究经济系统各个部分间表现为投入与产出的相互依存关系的经济数量方法。依据瓦尔拉斯（Walras），的一般均衡理论，里昂惕夫（Leontief）在 1936 年最早提出了投入产出分析方法。依据投入产出表的平衡关系②，投入产出表划分为四大象限。第Ⅰ象限：中间产品或中间消耗，反映各部门之间相互提供、相互消耗产品的技术经济联系；第Ⅱ象限：最终产品或最终使用，反映各部门提供最终产品的数量和构成情况，可以细分为消费、投资和净出口；第Ⅲ象限：最初投入或增加值，反映各部门的最初投入数量及其构成；第Ⅳ象限：空白。

中国的投入产出分析起步较晚，1987 年 3 月，国务院办公厅印发了《关于进行全国投入产出调查的通知》，标志着我国投入产出的核算，进入制度化编表阶段。本部分的投入产出分析，基于 1987—2010 年 24 年间的 10 张投入产出表及其延长表。③

笔者依据中国历年的投入产出表，尝试计算各种出口产品中所包含的钢铁的数量，从而得出钢铁的出口总量，计算逻辑为：在投入产出表中，没有钢铁生产部门，该部门的投入产出被包含在“金属冶炼及压延加工业”部门中。通过计算所有其他部门产品对“金属冶炼及压延加工业”部门产品的直接消耗系数，进而得到所有产品出口中，直接消耗的“金属冶炼及压延加工业”部门产品。然后通过计算，钢铁产值与“金属冶炼及压延加工业”部门产值的比值，估算所有产品出口中所消耗的钢铁数量，即以中间品形式出口的钢铁数量。具体步骤为：

（1）整理历年投入产出表中各部门的出口值。其中，1997 年之后的出口数据可以直接查表，而 1987—1995 年投入产出表中只有净出口，而不需要出口数据，在此，本书结合海关统计表整理。1987 年和 1990 年的海关统计表有 SITC 分类的商品出口统计，将其与投入产出表的 1—25 部门进行比对，并用相近部门替换，得到新部门 1—17。而投入产出表的 26—33 部门，全部为服务业，将其与国际收支平衡表中的经常项目项下的非贸易往来差额进行比对，也用相近部门替换，得到新部门 18—21。

---

① Leontief, “Domestic Production and Foreign Trade: The American Capital position Re - Examined”, *Proceedings of the Amerecan Philosophical Society*, Vol. 94, No. 4, 1953.

② 廖明球：《投入产出及其扩展分析》，首都经济贸易大学出版社 2009 年版。

③ 我国在逢 2 和 7 的年份开展投入产出调查，并编制相应年份的投入产出表。而在逢 0 和 5 的年份，不采取直接调查的方式，而是根据最近调查年份的资料编制投入产出延长表。

至此，得到含有出口数据的包含21个部门的新投入产出表（由于篇幅较大，1987年和1990年的21部门投入产出表的第一象限及出口额，详见附录）。而基于SITC合并的21个新部门的合并方法及其出口数量（见表6-1）。

表6-1　基于SITC合并的21个新部门的合并方法及其出口数量　单位：亿美元

新部门	对应IO表部门	SITC出口部门分类	1987年出口额	1990年出口额
1	1	食品及主要供食用的活动物部门	47.81	66.09
2	2、13	矿物燃料、润滑油及有关原料部门中的煤、焦炭及煤砖	5.36	7.55
3	3、4、5、12	矿物燃料、润滑油及有关原料部门中的石油、石油产品及有关原料	40.08	44.82
4	6	饮料及烟类部门+非食用原料部门中的油籽及含油果实和动植物原料+动、植物油、脂及蜡部门	15.75	19.31
5	7	轻纺产品、橡胶制品、矿业产品及其制品部门中的纺纱、织物、制成品及有关产品	57.9	69.99
6	8	非食用原料部门中的生皮及未硝毛皮和纺织纤维及其废料+杂项制品部门中的服装及衣着用品和鞋类	65.65	105.64
7	9、10	杂项制品部门中的其他杂项制品	18.74	36.73
8	11、25	未分类的其他商品部门	73.87	116.25
9	14	化学品及有关产品	22.35	37.3
10	15	轻纺产品、橡胶制品、矿业产品及其制品部门中的非金属矿产制品	4.39	13.16
11	16、17	轻纺产品、橡胶制品、矿业产品及其制品部门中的金属制品	23.41	42.61
12	18	机械及运输设备部门中的动力机械及设备和特种工业专用机械	2.7	8.07
13	19	机械及运输设备部门中的其他运输设备	1.96	2.52
14	20	机械及运输设备部门中的电力机械、电器及配件	3.36	12.19
15	21	机械及运输设备部门中的电信器材、收音、录音及重放装置设备	5.03	17.38
16	22	杂项制品部门中的摄影器材、光学物品及钟表	1.65	5.58
17	23、24	机械及运输设备部门-（动力机械及设备+特种工业专用机械+电讯器材、收音、录音及重放装置设备+电力机械、电器及配件+其他运输设备）	4.36	15.72
18	26	国际收支平衡表中，经常项目项下的非贸易往来差额，其中的货运	11.55	21.63

续表

新部门	对应IO表部门	SITC出口部门分类	1987年出口额	1990年出口额
19	27、28、30、31、33	国际收支平衡表中，经常项目项下的非贸易往来差额，其中的港口供应与服务和其他非贸易往来	14.37	14.73
20	29	国际收支平衡表中，经常项目项下的非贸易往来差额，其中的旅游收支	18.52	22.18
21	32	国际收支平衡表中，经常项目项下的非贸易往来差额，其中的投资收支	9.85	30.18

注：1987年和1990年投入产出表中33部门的具体名称见附录。

另外，1992年和1995年的海关统计表有HS分类数据，依据上述方法，也得到含有出口数据的包含21个部门的新投入产出表（由于篇幅问题，1992年和1995年的21部门投入产出表的第一象限及出口额，详见附录4和5）。而基于HS合并的21个新部门的合并方法及其出口数量（见表6－2）。

表6－2　基于HS合并的21个新部门的合并方法及其出口数量

单位：亿美元

新部门	对应IO表部门	HS出口部门分类（共19类）	1992年出口额	1995年出口额
1	1	第一类、第二类	71.14	86.24
2	2、3、12、13	第五类中除去盐；硫黄；泥土及石料；石膏料、石灰及水泥和矿砂、矿渣及矿灰	46.92	53.32
3	4	第五类中的矿砂、矿渣及矿灰	1.02	1.23
4	5	第五类中的盐；硫黄；泥土及石料；石膏料、石灰及水泥	8.24	12.66
5	6	第三类、第四类	34.36	50.86
6	7	第十一类	246.30	358.78
7	8	第八类、第十二类	80.57	138.02
8	9	第九类	11.74	21.47
9	10	第十类	5.25	11.08
10	11、25	第十九类	55.62	97.32
11	14	第六类、第七类	59.52	127.02
12	15	第十三类	13.00	26.63
13	16、17	第十五类	45.51	120.79
14	18、20、21、23	第十六类	115.42	276.67

续表

新部门	对应IO表部门	HS出口部门分类（共19类）	1992年出口额	1995年出口额
15	19	第十七类	22.03	41.16
16	22	第十八类	23.29	47.03
17	24	第十四类	10.05	17.52
18	26	国际收支平衡表中，经常项目项下的非贸易往来差额，其中的货运	17.80	43.30
19	27、28、30、31、33	国际收支平衡表中，经常项目项下的非贸易往来差额，其中的港口供应与服务和其他非贸易往来	35.22	60.70
20	29	国际收支平衡表中，经常项目项下的非贸易往来差额，其中的旅游收支	39.47	87.30
21	32	国际收支平衡表中，经常项目项下的非贸易往来差额，其中的投资收支	55.95	51.91

注：1992年和1995年HS分类中的19类具体名称见附录。

（2）测算作为中间产品的钢材出口量。在每份投入产出表中，找出钢材所属的部门，称为P部门。计算方法为：

中间产品的钢材出口量 = ∑ 各部门出口中包含P部门的额度 × 钢材产值占P部门的比重 = ∑（各个部门对 *P* 部门的直接消耗系数 × 各部门出口值）× 钢材产值占P部门的比重 (6.24)

其中，直接消耗系数指，投入产出表中 j（列）部门生产单位总产品对 i（行）部门产品的消耗数量。因此，其他出口产品中直接消耗的钢材，即为钢材作为中间品贸易的数量，例如，轮船对钢材的直接消耗。

（3）整理历年钢材供应链出口数量。由于投入产出表的非连续性（逢0、2、5、7的年份才有），本着经济生产的持续性和平稳性特点，对部分未公布产出表的年份，利用中位数的方法，估算该年度钢材作为中间品出口的数量。然后，将其与最终产品出口的钢材数量进行加总，则得历年钢材的总出口数量（见表6-3）。

表 6-3　　1987—2010 年钢材的供应链出口数量　　单位：亿元

年份	1987	1988	1989	1990	1991	1992	1993	1994	1995	1996	1997	1998
中间产品出口	23	40	45	54	65	79	171	270	266	296	326	428
最终产品出口	2	9	10	30	52	55	31	64	195	146	160	140
供应链出口	25	49	55	84	117	134	202	334	461	442	486	568
年份	1999	2000	2001	2002	2003	2004	2005	2006	2007	2008	2009	2010
中间产品出口	414	439	546	626	1091	2122	2885	3029	3813	5018	4352	3872
最终产品出口	117	185	155	181	257	690	1071	2092	3356	4404	1521	2493
供应链出口	531	624	701	807	1348	2812	3956	5121	7169	9422	5873	6365

注：逢 0、2、5、7 的年份，为计算数值，其他为估算数值。

（二）其他变量

除去被解释变量 Y 的计算较为复杂外，其余解释变量 D、K、M、Q 和 T 的计算方法和符号预期，简要说明如下：

（1）钢铁企业的外部异质性 D。投入产出分析中的劳动报酬产出率指，总产出与劳动者报酬的比较。由于总产出包括所有部门对某产品的产出，例如分别包含农业和煤炭采选业所产出的钢铁，而所有部门恰恰构成整个钢铁的生产供应链。因此，采用该指标评价钢铁企业的供应链异质性，通过投入产出表可求得其值。

显然，劳动报酬产出率越高，说明供应链的生产效率越高。依据全球供应链贸易理论，预期 D 与 Y 正相关。

（2）供应链面临的交易成本 K。单位周转费用是社会物流费用与货物周转量的比值，而货物周转量是指在一定时期内，由各种运输工具实际完成的货物吨数与运输距离的乘积，是以重量与距离的复合单位来计算的货物运输量。因此，该指标可以衡量钢铁运输的单位成本，进而可代表钢铁的交易成本，通过《中国统计年鉴》可求得其值。

显然，交易成本越高，则对贸易的阻碍越大。依据全球供应链贸易理论，预期 K 与 Y 负相关。

（3）可跨国流动的生产要素 M。依据《中国钢铁统计年鉴》，分别查找中国自产的铁矿石和中国进口的铁矿石数量，再依据业界遵循的，国内铁矿石含铁量 47%，进口铁矿石含铁量 64.5%，计算中国使用的纯铁矿的价值。依据全球供应链贸易理论，预期 M 与 Y 正相关。

（4）供应链环节的规模经济效应 Q。依据《中国钢铁统计年鉴》，可查得中国钢铁的生产规模以及国内企业数量，二者相除即为钢企的平均生产规模。依据全球供应链贸易理论，预期 Q 与 Y 正相关。

（5）供应链环节的技术差异 T。依据《中国钢铁统计年鉴》，可查得数据。依据全球供应链贸易理论，预期 T 与 Y 正相关。

三　实证数据汇总

1987—2010 年的 *Y*、*D*、*K*、*M*、*Q* 和 *T* 数据汇总[①]（见表 6－4）。

表 6－4　　1987—2010 年的 *Y*、*D*、*K*、*M*、*Q* 和 *T* 数据汇总

年份	供应链出口 *Y*（万元）	劳动报酬产出率 *D*（%）	单位周转费用 *K*（元/百万吨）	铁矿石总价值 *M*（亿元）	企业平均产值 *Q*（万元）	连铸比 *T*（%）
1987	249767.69	21.38	120575.28	118.29	5805.38	12.90
1988	485763.78	20.45	132650.97	112.48	6626.23	14.70
1989	552253.34	19.87	145626.62	135.99	7389.11	16.30
1990	838460.90	19.48	167685.46	190.66	8100.31	22.37
1991	1171689.95	18.96	185164.01	255.61	8889.16	26.50
1992	1339722.43	18.65	210048.94	298.36	12184.89	30.00
1993	2019398.20	13.46	258747.22	320.22	21559.27	34.00
1994	3341807.24	11.82	310683.70	520.78	22603.06	39.46
1995	4605095.04	11.02	358805.84	577.67	18709.95	46.48
1996	4417701.79	10.62	409767.96	569.89	22438.46	53.27
1997	4858374.96	10.23	434217.38	609.32	21799.21	60.65
1998	5675910.57	10.99	446886.16	543.80	26058.07	68.80
1999	5308774.86	11.65	439125.40	471.20	28445.78	77.38
2000	6233696.84	12.23	433884.92	510.24	15792.13	87.30
2001	7001751.71	10.38	432182.61	562.02	17970.12	88.20
2002	8066205.47	9.33	448673.18	577.66	19479.03	91.15
2003	13481722.16	12.78	477079.04	921.47	24295.63	93.52
2004	28117210.56	16.33	432024.78	2196.96	31379.11	95.93

① 《中国统计年鉴》（1981—2013），中国统计出版社 1981—2013 年版。

续表

年份	供应链出口 Y（万元）	劳动报酬产出率 D（%）	单位周转费用 K（元/百万吨）	铁矿石总价值 M（亿元）	企业平均产值 Q（万元）	连铸比 T（%）
2005	39568232.46	20.00	421888.75	3180.38	31779.57	96.98
2006	51215323.63	19.71	438508.17	3890.32	36689.47	97.34
2007	71692707.33	19.57	475907.82	6026.04	47064.66	97.69
2008	94219045.87	17.71	514421.97	9598.65	55826.21	98.15
2009	58731201.08	16.44	498029.61	6940.76	39431.60	98.52
2010	63646394.92	15.52	500460.31	12218.73	47626.54	98.12

第四节　模型的实证和检验

一　实证检验的目的和方法

模型是否成立，仅逻辑成立是不够的，实证检验不可或缺。本书实证目的有三：（1）证实理论模型的合理性，即引入中国钢铁贸易数据，观测结果是否与理论分析一致；（2）证实理论模型的优越性，即通过数据证实贸易动因对供应链贸易的解释优于对最终品贸易；（3）分析贸易动因的影响程度，由于理论模型包含多个贸易动因，尝试揭示在钢铁的供应链贸易中各个贸易动因对贸易数量的影响程度。

基于分析对象为时间序列数据，本书采用回归分析方法，并使用Eviews软件。另外，对数据进行两个处理：（1）为提高实证的可信度，基于CPI平减指数，将价格统一为实际价格，受此影响的变量为Y、K、M和Q；（2）为缩小变量差异的倍数，将变量进行对数变换。最后，得变量序列$\ln Y$、$\ln D$、$\ln K$、$\ln M$、$\ln Q$和$\ln T$。

由于模型参数的选择和数据的获取，基于时间序列的实证结果，常常会存在自相关性、多重共线性、非平稳性和异方差的问题，使实证结果有偏，甚至无效。对此，本书采用DW值检验自相关性、采取弗里希（Frisch）综合分析法（逐步回归法）检验多重共线性、通过ADF单位根检验来检验平稳性、基于图示法和怀特检验来检验异方差①。

二　回归分析

基于变量序列 ln$Y$、ln$D$、ln$K$、ln$M$、ln$Q$ 和 ln$T$，本书采用 *WLS*（加权的最小二乘法）。如果模型存在异方差性，则它会被加权最小二乘法消除；如果模型不存在异方差性，那么 *WLS* 与 *OLS*（最小二乘法）的估计结果是等价的②。

WLS 基本思路是：对原模型进行加权，使其成为一个不存在异方差的新模型，然后采用 OLS 进行估计，该方法适用于随机干扰项的方差已知的情况，通常采用的权重有：$1/|e|$（e 为残差），$1/e^2$ 和 $1/\sqrt{e}$，视其效果而选定权数。

基于上述三个权数的计算，$1/e^2$ 的效果较为理想。变量序列 ln$y$、ln$d$、ln$k$、ln$m$、ln$q$ 和 ln$t$，基于 WLS 的回归结果（见表 6－5）。

该结果中，(1) 校正的判定系数为 0.999994，拟合度较高；(2) F 值为 770960.3，所有变量都通过 t 检验，模型显著性强；(3) DW 值为 2.008263，查 DW 临界值表（n＝24，k＝5），得 dl＝0.925，du＝1.902，可见 du＜DW＜4－du，方程不存在自相关；(4) 变量符号与理论预期相同，总体效果良好，但尚需进行相关的参数检验，才能判断回归结果的有效性。

表 6－5　基于 WLS 的回归结果

变量	相关系数	标准误差	统计量	概率
ln$d$	0.231884	0.076952	3.013359	0.0075
ln$k$	−2.181210	0.385746	−5.654529	0.0000
ln$m$	0.554949	0.005118	108.4388	0.0000
ln$q$	0.491890	0.039581	12.42729	0.0000
ln$t$	1.375200	0.031268	43.98077	0.0000
C	12.25062	2.549612	4.804896	0.0001

① 张恒喜等：《小样本多元数据分析方法及应用》，西北工业大学出版社 2002 年版，第 9 页。

② 杜江：《计量经济学及其应用》，机械工业出版社 2010 年版。

续表

变量	相关系数	标准误差	统计量	概率
Weighted Statistics				
R^2	0.999995	Mean dependent var		9.606388
调整的 R^2	0.999994	S. D. dependent var		22.68903
S. E. of regression	0.004424	Akaike info criterion		-7.791129
Sum squared resid	0.000352	Schwarz criterion		-7.496616
log likelihood	99.49355	Hannan - Quinn criter.		-7.712995
F 统计量	770960.3	Durbin - Watson stat		2.008263
概率（F 统计量）	0.000000			

三 参数检验

基于样本特性，针对变量序列 ln$Y$、ln$D$、ln$K$、ln$M$、ln$Q$ 和 ln$T$，本书采取弗里希综合分析法检验多重共线性、通过 *ADF* 单位根检验来检验平稳性、基于图示法和 *White* 检验来检验异方差。

（一）多重共线性检验

如果某两个或多个解释变量之间出现了较强的近似相关性，并且是线性相关性，则称为多重共线性，这违背了多元回归模型中解释变量之间互不相关的基本假设，不能采用 OLS 方法。

弗里希综合分析法，是先将被解释变量对每个解释变量作简单回归方程，称为基本回归方程。再对每一个基本回归方程进行统计检验，并根据经济理论分析选出最优基本方程，然后再将其他解释变量逐一引入，建立一系列回归方程。若新引进的变量使得拟合度提高，而其他参数回归系数在统计上和经济理论上仍然合理，则认为新变量对回归模型是有利的，应予保留。否则，认为存在多重共线性，予以删除。

依据 OLS 结果，依此引入 P 值较小的变量，弗里希综合分析法的检验结果见表 6-6。

表 6-6 多重共线性检验结果

t 的概率	ln*t*	ln*n*	ln*d*	ln*q*	ln*k*
ln*t*	0	0	0	0	0
ln*n*		0	0	0	0
ln*d*			0.0298	0.0157	0.0678

续表

t 的概率	ln*t*	ln*n*	ln*d*	ln*q*	ln*k*
ln*q*				0.1986	0.1032
ln*k*					0.2594
R^2	0.763158	0.983924	0.987379	0.988457	0.989266
AIC	2.187842	-0.41887	-0.57755	-0.58349	-0.5728
F 值	70.88881	642.634	521.5686	406.7594	331.7814
F 值概率	0	0	0	0	0

随着变量的不断加入，基于检验结果可知：（1）拟合度不断提高，从0.763提高至0.989；（2）AIC值不断降低，但在lnK上略有反弹；（3）F值较大，且F值概率都为0。另外，变量的回归符号与理论预期一致，符合理论分析结果。因此，多元回归模型中解释变量之间不存在多重共线性。

（二）平稳性检验

若时间序列数据的均值和方差为常数，且两个时期的协方差只与时间间隔有关，而与时间的起点无关，则该时间序列是平稳的。否则，即使拟合度好，显著性高，也可能出现伪回归。

序列平稳性检验一般采用ADF单位根检验，若ADF统计量小于给定显著水平下的ADF临界值，则表明不存在单位根，序列平稳。否则，非平稳。WLS回归方程的平稳性检验结果，见表6-7。

表6-7　　平稳性检验结果

	统计量	概率
Augmented Dickey - Fuller test statistic	-3.48549	0.0191
Test critical values：1% level	-3.78803	
5% level	-3.01236	
10% level	-2.64612	

注：采用水平和截距项检验。

基于ADF单位根检验结果可知，ADF统计量小于5%显著水平下的ADF临界值，则表明该时间序列不存在单位根，序列平稳。

（三）异方差检验

对于不同样本点，方差不再是一个固定的常数，而有些是互不相同的，则称模型存在异方差，此时，参数估计量无效，t 检验和 F 检验无效。

为观测异方差，首先，做多元回归模型的残差图（见图 6－1）。

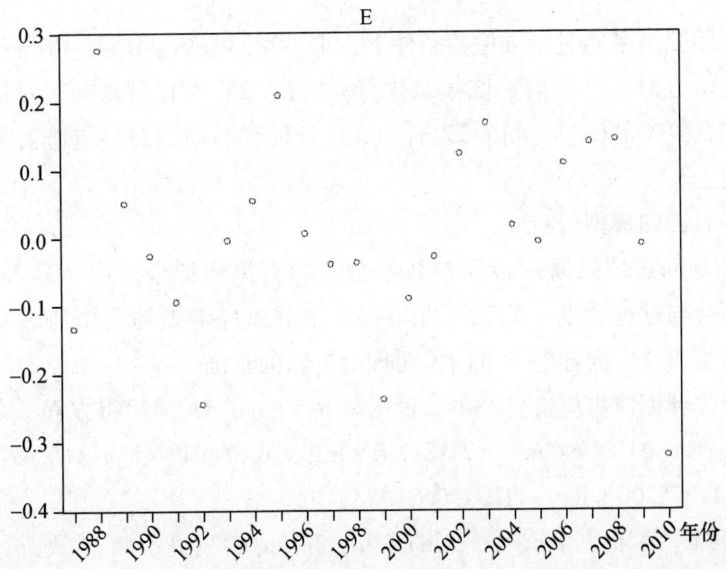

图 6－1　多元回归模型的残差

依据残差图，大致可以判断不存在异方差。更进一步，本书采用怀特（White）检验来检验异方差，若 R^2 的 *P* 值较小，则有异方差；反之则无。怀特检验结果如表 6－8 所示。

表 6－8　　多元回归模型的怀特检验结果

F 统计量	13.58819	概率 F（20，3）	0.0265
Obs × R^2	23.73796	概率 χ^2（20）	0.2540
Scaled explained SS	12.49781	概率 χ^2（20）	0.8979

依据表 6－8 可知，在有交叉项的条件下，Obs × R^2 的 *P* 值为 0.254，大于 0.1。则该多元回归模型不存在异方差。

综上，变量序列 ln*y*、ln*d*、ln*k*、ln*m*、ln*q* 和 ln*t*，不存在自相关性、

不存在多重共线性、具有平稳性，并且不存在异方差。因此，回归分析结果无偏，可以接受。

第五节 实证结果分析

在回归结果通过参数检验条件下，本书对回归结果作进一步分析，集中在三个方面：（1）对回归模型进行分析；（2）对比贸易动因对供应链出口和最终产品出口之间的影响；（3）分析贸易动因对供应链贸易的影响程度。

一 回归模型分析

WLS 回归结果通过各项参数检验，加上模型拟合度高，显著性强，以及符号与理论预期一致，至此可得：全球供应链贸易模型通过实证检验，模型成立。同样的，也即说明理论逻辑的正确。

具体到钢铁供应链贸易中，依据表 6.5 的回归结果可得方程：

$$\ln y = 0.231884 \times \ln d - 2.181210 \times \ln k + 0.554949 \times \ln m + 0.491890 \times \ln q + 1.375200 \times \ln t + 12.25062 \quad (6.24)$$

可知，每单位 $\ln d$、$\ln k$、$\ln m$、$\ln q$ 和 $\ln t$ 的变化，将导致 $\ln y$ 发生 0.231884、（-2.181210）、0.554949、0.491890 和 1.375200 个单位的变化。

二 供应链出口与最终产品出口的比较

本书理论分析一直试图说明，在全球供应链视角下，基于供应链的国际贸易的普遍性已超过表现为最终产品的国际贸易，并且贸易动因对供应链贸易的解释力度强于对最终产品的解释。

对此，本书分别以贸易动因为解释变量，供应链出口和最终产品出口为被解释变量。其中，依据经典理论可知，（6.3）中定义的 k、m（仅包含自产矿）、q 和 t，可用于解释最终产品的国际贸易。[①] 用同样的 WLS 方法进行回归，得表 6-9。

依据表 6-9 相比较可知：第一，自变量参数的符号，前者比后者更符合理论逻辑；第二，拟合度，前者比后者的拟合度更高；第三，显著性，前者的 t 检验和 F 检验结果都优于后者。

① D 作为供应链的异质性，不能替代企业的异质性，在新新贸易理论中使用。

表 6 – 9　　供应链出口和最终产品出口的回归对比

供应链出口的 WLS					最终产品出口的 WLS				
变量	相关系数	标准误差	统计量	概率	变量	相关系数	标准误差	统计量	概率
ln*k*	-1. 93426	0. 042032	-46. 0184	0	ln*k*	-4. 36528	0. 593872	-7. 35053	0
ln*m*	0. 653084	0. 009147	71. 40157	0	ln*m*	0. 840052	0. 059855	14. 03482	0
ln*q*	0. 355403	0. 00537	66. 1826	0	ln*q*	-0. 21822	0. 06293	-3. 46766	0. C0
ln*t*	1. 204003	0. 015515	77. 60437	0	ln*t*	1. 378404	0. 096824	14. 2362	0
C	11. 67545	0. 232669	50. 18051	0	*C*	28. 28793	3. 659786	7. 729395	0
Weighted Statistics					Weighted Statistics				
R^2	0. 999927	Mean dependent var		8. 26	R^2	0. 971804	Mean dependent var		8. 19
调整的 R^2	0. 999911	S. D. dependent var		40. 13	调整后 R^2	0. 965869	S. D. dependent var		24. 07
S. E. ofregression	0. 000108	Akaike info criterion		-15. 23	S. E. of regression	0. 031179	Akaike info criterion		-3. 91
Sum squared resid	2. 23E -07	Schwarz criterion		-14. 99	Sum squared resid	0. 01847	Schwarz criterion		-3. 66
log likelihood	187. 8513	Hannan – Quinn criter.		-15. 17	log likelihood	51. 98117	Hannan – Quinn criter.		-3. 84
F 统计量	64713. 43	Durbin – Watson stat		1. 63	F – 统计量	163. 7163	D – W 统计量		1. 62
概率（F 统计量）	0				概率（F – 统计量）	0			

据此可以认为：贸易动因对供应链贸易的解释力度，强于对最终产品的解释。

三 贸易动因的影响程度

虽然回归模型求得单位贸易动因对被解释变量的影响，但不能直接采用解释变量的参数估计值来反映解释变量对被解释变量的影响程度。原因有二：第一，解释变量的单位属性不同；第二，参数估计值会随着解释变量的计量单位不同而不同。

为使参数估计值能够准确地反映解释变量对被解释变量的影响程度，可将参数进行标准化处理。标准化之前的系数 A 与之后的系数 a 之间的关系为：

$$a_j = A_j \times S_{X_j}/S_Y \quad j = 1, 2, \cdots, k \tag{6.25}$$

式中，S_{X_j}为第 j 个解释变量 X_j 的样本标准差，S_Y 为被解释变量 Y 的样本标准差。参数标准化结果（见表 6－10）。

基于表 6－10 可知：（1）每个解释变量的 p 值均小于 0.01，说明每个解释变量对被解释变量均有显著影响；（2）当解释变量有一个标准差变动，被解释变量有系数变动；（3）依据系数的大小可知，对被解释变量的影响强度，依次为 T、M、D、Q、K。

表 6－10　　参数标准化结果

变量	相关系数	标准差	统计量	概率
(lnt－@MEAN(lnt,"1987 2010"))/(@VAR(lnt,"1987 2010")^0.5)	0.620942	0.004158	149.3528	0
(lnq－@MEAN(lnq,"1987 2010"))/(@VAR(lnq,"1987 2010")^0.5)	0.083926	0.001514	55.41977	0
(lnm－@MEAN(lnm,"1987 2010"))/(@VAR(lnm,"1987 2010")^0.5)	0.4436	0.005279	84.03172	0
(lnk－@MEAN(lnk,"1987 2010"))/(@VAR(lnk,"1987 2010")^0.5)	－0.07123	0.01595	－4.46601	0.0003
(lnd－@MEAN(lnd,"1987 2010"))/(@VAR(lnd,"1987 2010")^0.5)	0.098838	0.00671	14.72895	0

具体到钢铁供应链贸易，解释变量的影响强度说明，技术与铁矿石资源是影响钢铁供应链出口的主要因素，而供应链的劳动生产率、企业的平均生产规模和供应链的交易成本的影响较弱，且依次降低。

第六节　本章小结

本章共分五节，基于对经典贸易理论模型的述评，建立全球供应链贸易模型，再引入变量，运用投入产出分析法和回归分析法进行实证和检验。模型实证结果符合预期，且回归分析较好地通过参数检验。在模型成立的基础上，并对实证结果展开进一步的分析。各节主要内容如下：

第一节，阐述经典贸易理论模型，并加以简评。受经典模型启发，本书认为，构建基于全球供应链的国际贸易理论模型，一方面，应依据理论逻辑，挖掘新的解释变量和被解释变量；另一方面，应同样以贸易动因为解释变量，基于解释变量和被解释变量间的相关性，构建新的贸易模型。

第二节，基于第五章的理论分析，从基本前提、关键假设、以及解释变量和被解释变量三个方面，构建全球供应链贸易模型，详见(6.23）式。

第三节，选取中国钢铁的全球供应链贸易，对全球供应链贸易模型进行实证检验。本节通过模型变量的定义和变量数据的整理，尤其是对供应链的出口数据的整理，最终将实证数据汇总，为模型的实证检验做准备。

第四节，基于 WLS 方法，引入变量序列 $\ln y$、$\ln d$、$\ln k$、$\ln m$、$\ln q$ 和 $\ln t$，对全球供应链贸易模型进行实证分析。再采用 DW 值检验自相关性、采取弗里希综合分析法检验多重共线性、通过 ADF 单位根检验来检验平稳性、基于图示法和怀特检验来检验异方差，最终，模型通过上述检验。

第五节，对实证结果作进一步的分析得出：第一，全球供应链贸易模型通过实证检验，符号与预期一致，模型成立，即说明理论逻辑的正确；第二，贸易动因对供应链贸易的解释力度，强于对最终产品的解释；第三，技术与铁矿石资源是影响钢铁供应链出口的主要因素，而供应链的劳动生产率、企业的平均生产规模和供应链交易成本的影响较弱，且依次降低。

第七章　全球供应链贸易和生产力全球布局

通过本书前六章的理论和实证分析，本书基于中国钢铁贸易的实例，揭示主流国际贸易理论的局限性及其原因，并基于全球供应链的视角，尝试拓展经典贸易理论的假设边界，通过理论分析和实证检验，构建基于全球供应链的国际贸易理论，解释钢铁的全球供应链贸易。经典理论的拓展，让人欣喜。

经济理论是经济规律的归纳，而经济规律却是经济实践的反映。因此，不由引发思考，全球供应链贸易，是不断发展的经济实践中的一个特例，还是一个普遍现象？若是一种普遍现象，何为该现象的本质原因呢？

换句话说，本书提出的基于全球供应链的国际贸易理论，较之五个经典贸易理论能更有效地解释全球供应链贸易，这正是本书主要的研究目标和成果。但仅仅解释现象是不够的，本章尝试挖掘产生全球供应链贸易的原因。

第一节　生产力全球布局

一　生产力布局的基本概念

生产力布局是指在一定范围内，生产力系统的空间分布与组合，它是一个多层次、多侧面、纵横交织的综合系统。生产力布局合理与否直接影响生产力系统的整体功能和发展，影响经济资源配置的宏观效益，影响一个国家或地区各种战略目标的实现。而对于生产力的解释，引用马克思的论述，生产力是人类改造自然的能力，包括劳动力、劳动工具和劳动对象三要素。

生产力布局作为指物质生产部门的地域空间分布与组合形式，从国民经济和社会效果的角度来分析，可分为三个层次：社会生产力总体布局的宏观布局、地区生产力布局和生产部门的中观布局，以及企业区位的微观布局，它们之间有着紧密的联系。

通常，不同的经济体制具有不同的生产布局原则。生产力布局原则具体体现于国家经济发展的一定时期内生产的空间分配关系上。生产布局原则大致可归纳为：（1）生产接近原料、燃料、能源和需求地。按照该原则，要求在生产力布局中减少和消除远距离的不合理运输，降低生产成本。提高经济效益；（2）更有效地优先开发和综合利用自然资源，应制定以地域为生产综合体的发展规划；（3）采取有效措施保护自然和合理利用自然资源，恢复生态环境；（4）根据自身条件，在互信互利的基础上，参与区域或国际劳动分工。

二 生产力布局的基础理论

下文对生产力布局的基础理论进行归纳，集中在四个方面：

（1）以人类经济活动的空间分布作为研究对象。主要以杜能①（1826）的《孤立国同农业和国民经济的关系》、韦伯②（1909）的《工业区位论》、克里斯塔勒③（1998）的《德国南部中心地原理》为代表的古典区位论（主要研究厂商选择何种地点才能最大限度地降低运输成本）和以奥古斯特·勒施④（1940）的《经济的空间分布》为代表的新古典区位理论（主要研究厂商选择何种地点才能最大限度地实现利润最大化）为代表。

（2）以实现区域经济和谐发展作为研究对象。20世纪30年代，发达工业国家出现了老工业区衰退、区域经济增长不平衡、区际经济差距过大等问题。对此，区域生产力布局的研究对象由微观区位决定问题发展到了区域经济发展、区域经济差距等问题。其中，以杜贝（1964）为代表，开始将区际关系作为研究对象，使得生产力布局的研究视野进一步开阔，

① 约翰·冯·杜能：《孤立国同农业和国民经济的关系》，吴衡康译，商务印书馆1997年版，第16—18页。

② 阿尔弗雷德·韦伯：《工业区位论》，商务印书馆1997年版，第23—45页。

③ 沃尔特·克里斯塔勒：《德国南部中心地原理》，常正文等译，商务印书馆1998年版。

④ 奥古斯特·勒施：《经济空间秩序》，王守礼译，商务印书馆2010年版，第273—315页。

现实意义也更强。

(3) 以政府政策对区域经济的影响作为研究对象。1971 年，以诺斯[①] (1996) 的《制度变迁与美国经济增长》为代表的新制度学派将制度因素引入区域经济分析当中，研究政府区域政策的制定以及政策对区域经济的影响。1978 年，以涅克拉索夫[②] (1987) 的《区域经济学》为代表，提出了区域布局规划理论，其研究的指导原则是马克思列宁的社会再生产理论。

(4) 以微观经济活动对区域的影响作为研究对象。1991 年，以克鲁格曼[③]的《收益递增与经济地理》为代表的新经济地理学在传统的贸易分工的理论基础之上，以区际贸易作为主要研究对象，尝试解释为什么大量的贸易发生在要素禀赋相似的国家之间，以及这种贸易的产品具有巨大的相似性。同时，新经济地理还关注区域空间微观主体的经济行为分析，强调微观主体在追求利益最大化时的空间相互作用。

综上所述，对生产力布局对象的研究，经历了一个由微观到宏观的演变过程，即由微观的厂商区位决定，到中观的城镇分布、产业布局，再到宏观的区域经济的发展和协调。其次，国外学者对生产力布局对象的研究，由单一的经济因素，扩展到包含经济、政治等多种因素。

三 生产力全球布局的特点

生产力全球布局并无明确的概念，但绝不仅是生产力布局范围的扩大。生产力全球布局的特点，即与生产力布局的区别主要体现为：

(1) 生产力全球布局以经济全球化为前提。经济全球化是指世界经济活动超越国界，通过对外贸易、资本流动、技术转移、提供服务、相互依存、相互联系而形成的全球范围的有机经济整体。只有在经济全球化的前提下，生产力布局才能超越国界，依据全球的资源、技术和市场等要素，配置生产力。

(2) 生产力全球布局以跨国公司为主体。[④] 跨国公司指具有全球性经营动机和一体化的经营战略，在多个国家拥有从事生产经营活动的分支机构，并将它们置于统一的全球性经营计划之下的大型企业。这些公司遍布

① 诺斯、戴维斯：《制度变迁与美国经济增长》，上海人民出版社 1996 年版。

② 涅克拉索夫：《区域经济学》，东方出版社 1987 年版。

③ Paul Krugman, "Increasing returns and economic geography", *Journal of Political Eeonomy*, No. 99, 1991, pp. 483 - 499.

④ 曹和平：《产能与价值，我们选择谁?》，《电子外贸》2005 年第 1 期。

全球的战略安排和生产活动，促成各个产业的生产力全球布局。

（3）生产力全球布局以企业利润最大化为目的。[①] 不同于国内生产力布局以国家利润最大化为目的，生产力全球布局以企业为主体，不考虑收入差距、地区平衡和充分就业等宏观目标，只以企业利润最大化为目的。当然，环境保护等宏观问题对企业并非无影响，只是企业更多将其视为一种成本，而非一种责任。[②]

（4）生产力全球布局以要素的全球配置为途径。[③] 生产要素是一种经济要素，在生产过程中应当引起经济效益的显著变化，主要包括土地、资本、劳动、组织、技术和信息六大类。依据生产理论的解释，若将利润最大化视为生产函数的目标，跨国公司为此在全球范围内配置劳动、资本和技术等资源，调余补缺并安排生产，努力在长期生产或服务中实现最优生产要素组合的均衡条件。

（5）生产力全球布局以全球供应链为纽带。随着产品内分工的深化，以及产品制造复杂度的提升，生产方式由企业单独生产转变为企业间协同生产，而众多协同生产的企业则构成一个供应链。全球供应链是供应链在全球化下的跨国延伸，它将供应商、制造商、分销商、零售商和最终用户，连成的一个整体的功能性网链。此时，企业凭借比较优势、资源禀赋、规模效应、交易成本和异质性等因素，融入供应链，参与产品的部分生产环节。

因此，本书认为，生产力全球布局，是在经济全球化和产品内分工背景下，跨国公司以利润最大化为目的，依托全球供应链，通过生产要素的优化配置，实现生产力在全球范围的分布和组织。

依据生产力布局的层次，生产力全球布局也可分为三个层次：（1）国家生产力的全球布局，如美国分布在世界各地的生产工厂和研发中心；（2）产业生产力的全球布局，如钢铁生产链上的企业遍布全球；（3）企业生产力的全球布局，如中钢、五矿、首钢等大型钢铁企业在海外收购矿山、兼并钢厂。

---

① Fors and Gunnar, "Utilization of R&D Results in the Home and Foreign Plants of Multinationals", *Journal of Industrial Economics*, Vol. 45, No. 11, 1996.

② Praharad and Hamel, "The core competence of the corporation", *Harvard Business Review*, No. 6, 1990, pp. 79 - 91.

③ Jones, Charles I., "Sources of U. S. Economic Growth in a World of Ideas", *American Economic Review*, No. 92, 2002, pp. 220 - 239.

第二节 生产力布局的演变

随着国际环境和国内经济发展，生产力布局是一个动态发展的过程。下面，以钢铁为例，分析生产力布局的演变及其对贸易的影响。

自 19 世纪起，钢铁工业在英国兴起，至今二百余年来，世界钢铁产业格局的演进展示了各国钢铁工业相对地位的变化，也展示了钢铁产业生产力布局的变化路径。通过对世界钢铁产业生产力布局变化的回顾，可以梳理出三个阶段。

一 第一阶段：由英国转移至美国和德国

19 世纪大部分时间，英国一直是世界钢铁工业的龙头。在 1800 年，英国生产的粗钢产量占世界的一半还多。1854—1865 年，英国的生铁产量，远超当时主要的工业国，德国、法国、美国和沙俄的总和。到 1885 年，英国钢铁产量虽仍居首位，但其钢铁份额下滑至 28.6%，而美国则攀升到 27.6%。

1890 年，美国钢铁份额达到 35%，超过英国的 25.9%，成为第一产钢大国。20 世纪初，美国历史上第一次收购与兼并浪潮到来，1901 年，世界第一大钢厂“美国钢铁公司”成立。美国钢铁工业份额从 1910 年的 43.8% 发展至 1915 年的 49.3%，再至 1920 年的 59%。从此，美国在世界钢铁工业上的霸主地位一直保持到 20 世纪 50 年代初。

在此期间，德国钢铁工业也获得快速发展。与美国同期快速发展钢铁工业的还有德国，1880 年，德国的粗钢产量占全世界的 14.2%；到 1910 年，德国的钢产量超过英国一倍，世界份额也提升至 22.6%，成为仅次于美国的产钢大国。

二 第二阶段：由美国转移至苏联和日本

20 世界前半叶，美国钢铁产量始终保持在全球 50% 左右，1945 年，达到顶峰的 61.1%。第二次世界大战之后，美国和德国钢铁的市场份额逐步下滑。至 1960 年时，美国跌至 26%，德国则不足 10%。这期间，苏联和日本的钢铁产量增长迅速。

1945 年，苏联超过德国，成为世界上第二大钢铁工业国，产量占世界总量的 15.6%。至 1975 年，苏联超过美国，跃居头号产钢大国，其生产份额达到22%，超过美国的16.4%。直至解体前，苏联钢铁产量一直保持在全球的20%左右。

另一方面，1970年，日本新日铁公司成立，并跃居世界头号大钢厂，至此，日本钢铁业的黄金时代宣告来临。至1980年，日本超过美国，生产着世界上14.5%的钢铁，成为世界第二大钢铁生产国。苏联解体之后，日本取而代之，成为世界第一钢铁大国。

三　第三阶段：由日美转移至新兴经济体和发展中国家

自1975年，日本产钢份额达到峰值的15.9%以来，产钢量一直维持在1亿—1.1亿吨，产钢份额逐步下降，2005年降至10%以下，2012年仅为6.9%。美国也相仿，1975年至今的产钢量也维持在0.8亿—1亿吨，2012年产钢份额仅为5.7%。

而作为新兴经济体的代表，20世纪80年代末，韩国迅速崛起，钢铁产量超过0.2亿吨。2000年，产钢份额超过5%，接近德国的水平。

引人注目的是中国。20世纪90年代以来，中国产钢量逐渐增大，1996年突破1亿吨跃居世界第一。自此，中国钢铁产量一直居于世界首位，且产钢份额逐年提高，1995年为12.7%，2005年为31%，2010年达到44.6%，2013年达到48.5%。

综上所述，钢铁的生产力全球布局的演变①，共经历三个阶段，可归纳为表7-1。

表7-1　　19世纪初至21世纪初钢铁的生产力布局演变

阶段	年份	英国产量份额	美国产量份额	德国产量份额	俄罗斯产量份额	日本产量份额	中国产量份额	韩国产量份额
第一阶段	1854	311.9	66.8	36.9	23.1	—	—	—
	1860	388.8	83.4	52.9	33.6	—	—	—
	1865	400.2	84.5	98.8	30	—	—	—
	1875	37.8	20.8	19.5	0.7	0.1	—	—
	1880	29.9	28.8	14.2	7	0	—	—
	1885	28.6	27.6	19.1	3.1	0	—	—
	1890	25.9	35	17.4	3	0	—	—

① 冶金部情报标准研究总所：《国外钢铁统计（1978—1987）》，冶金工业出版社1989年版。

冶金工业部情报标准研究总所：《国内外钢铁统计》（1949—1979），冶金工业出版社1981年版。

续表

阶段	年份	英国产量份额	美国产量份额	德国产量份额	俄罗斯产量份额	日本产量份额	中国产量份额	韩国产量份额
第二阶段	1895	19.6	36.8	23.3	5.2	0	—	—
	1900	17.5	36.3	23.3	7.8	0.2	—	—
	1905	12.8	45	22.3	5.6	0.2	—	—
	1910	10.7	43.8	22.6	5.7	0.3	—	—
	1915	13.1	49.3	20	6.2	0.8	—	—
	1920	12.7	59	11.8	0.2	1.1	—	—
	1925	9.5	50.6	13.4	2.1	1.4	—	—
	1930	7.8	43.5	12.1	6.2	2.4	—	—
	1935	10.1	34.8	16.5	12.6	4.7	—	—
	1940	9.3	42.8	13.5	12.9	4.8	—	—
	1945	10.2	61.1	0.3	15.6	1.7	—	—
	1950	8.8	46.5	6.4	14.5	2.6	0.3	—
	1955	7.5	39.4	7.9	16.8	3.5	1.1	—
	1960	7.2	26	9.8	18.8	6.5	3.9	0
	1965	6	26	8	19.8	9	2.7	0.1
	1970	4.8	20.1	7.6	19.5	15.7	3	0.1
	1975	3.1	16.4	6.3	22	15.9	3.7	0.3
第三阶段	1980	1.5	13.2	5.7	19.2	14.5	4.8	1.1
	1985	2.2	11.1	5.6	21.5	14.6	6.5	1.9
	1990	2.2	11.7	5.3	20.1	14.3	8.6	3
	1995	2.3	12.7	5.6	6.9	13.5	12.7	4.9
	2000	1.8	12	5.5	7	12.6	15.2	5.1
	2005	1.2	8.3	3.9	5.8	9.8	31	4.2
	2010	0.7	5.6	3.1	4.7	7.6	44.6	4.1
	2011	0.6	5.6	2.9	4.5	7	44.3	4.4
	2012	0.6	5.7	2.8	4.6	6.9	46.4	4.5
	2013	—	5.4	2.7	4.3	6.9	48.5	4.1

注：（1）1945—1990 年数据为联邦德国和民主德国之和；（2）1918 年前为俄罗斯，1918—1992 年为苏联，1992 年之后为俄罗斯；（3）1854 年、1860 年和 1865 年，数据为生铁产量，单位万吨。

资料来源：《国内外钢铁统计（1949—1979）》、《国外钢铁统计（1978—1987）》和历年《中国钢铁工业年鉴》及历年《钢铁统计年鉴》。

第三节　生产力布局对国际贸易的影响

对某个产业来说，随着经济全球化及跨国公司和供应链的出现，生产力布局才能突破国家限制，形成生产力的全球布局。而生产力布局的演变，必然导致国际贸易结构和规模的变化。

在此，以钢铁生产力布局的演变为例，针对生产力布局演变的三个阶段，基于已获得的数据[①]，分析其对国际贸易的影响[②]（见表7－2）。

表7－2　　1955—2012年各国钢铁出口份额

阶段	年份	英国出口份额	美国出口份额	德国出口份额	俄罗斯出口份额	日本出口份额	中国出口份额	韩国出口份额
第二阶段	1955	7.6	—	7.8	5.1	—	0.2	—
	1960	5.9	5.3	14.9	5.7	4.3	0.2	—
	1965	5.0	2.9	12.2	6.4	12.3	0.6	—
	1970	3.5	5.5	10.3	6.4	15.0	0.2	0.1
	1975	2.2	1.9	11.1	5.3	19.6	0.3	0.6
第三阶段	1980	3.3	2.0	14.0	4.7	21.5	0.3	3.4
	1985	2.9	0.5	12.1	5.1	18.5	0.1	3.3
	1990	4.3	2.4	11.5	5.1	10.0	1.3	4.4
	1995	3.6	2.7	8.2	11.1	9.0	4.4	4.0
	2000	2.6	2.0	8.1	9.0	9.3	3.7	4.5
	2005	2.3	2.5	7.0	8.3	8.6	7.4	4.3
	2010	1.5	3.0	6.5	7.0	10.9	10.7	6.3
	2012	1.6	3.3	6.2	6.5	10.0	13.3	7.3

第一阶段期间的国际贸易。第一阶段尚处在19世纪，各国生产力水平尚低，产钢量不大，1875年，全球钢产量仅190万吨。另外，19世纪

① 通过资料整理，现阶段，可收集到的国际贸易数据最早为1955年。

② 冶金工业规划研究院：《世界钢铁企业竞争力新内涵对提升我国钢铁企业竞争力的启示》，《冶金经济与管理》2011年第6期。

各国正处于工业革命阶段，各国对钢铁都是供不应求，甚至都将钢铁产业列为发展目标之一。因此，虽无数据，但可推断，19 世纪中，钢铁贸易微乎其微。

第二阶段期间的国际贸易。基于表 7 – 2 可知，美国和德国的钢铁出口占全球出口的比重，从 1960 年的 20.2%，降至 1975 年的 12.9%，下降幅度接近 40%。而俄罗斯和日本的钢铁贸易全球份额，从 1960 年的 10%，升至 1975 年的 24.9%，增长幅度接近 150%。这一变化明显说明，钢铁贸易的主体逐渐从德国和美国转变为日本和俄罗斯。而该贸易格局的转变，与生产力全球布局的演变完全一致。

第三阶段期间的国际贸易。同样基于表 7 – 2 可知，俄罗斯和日本的钢铁贸易全球份额从 1980 年的 26.3%，降至 2012 年的 16.5%，下降幅度也接近 40%。而中国和韩国的钢铁贸易全球份额从 1980 年的 3.7%，升至 2012 年的 20.6%，增长幅度超过 450%。尤其这一期间，中国的生产数量增长超过 18 倍，贸易数量增长接近 140 倍。中国和韩国的钢铁贸易强国地位暴露无遗。同样，该贸易格局的转变与生产力全球布局的演变也是一致的。

由此得证，随着生产力布局的演变，国际贸易的格局也在发生着同向的变化。

第四节　全球供应链贸易的原因：生产力全球布局

上述分析说明了生产力布局演变对国际贸易的影响。

那么，随着经济全球化的实现、跨国公司的兴起以及供应链生产方式的确立，生产力布局得以突破国界的限制，在全球范围内开展生产力的分布和组织，实现生产力的全球布局。这一新的生产力布局方式，对全球供应链贸易有何影响？本书分别从理论和实证两个角度进行分析。

一　理论分析

基于本章第一节的分析，从逻辑上看，生产力全球布局，是跨国公司在全球范围内，对生产力的分布和组织。在此，分别讨论生产力的分布和生产力的组织。

关于生产力的分布。由于世界各国存在生产条件的差异，诸如人口总量、技术水平、资源禀赋、资本存量、文化习俗等，跨国公司为提高企业资源的使用效率，力图将企业内部不同的生产资源与外部不同的生产条件相匹配，实现最优生产要素组合的均衡条件。生产要素的匹配结果，表现为生产力的分布。并且，随着产品内分工的深化，生产力分布的链条不断扩大，即越来越多的企业参与到产品内分工之中。

关于生产力的组织。为实现企业利润，跨国公司在战略全球化指导思想下，通过原材料、半成品和产成品的调配和运输，组织分布在全球的各个生产节点，开展产品的生产和销售。而原材料和半成品的国际传递也是原材料和半成品在供应链中的国际流动，这恰恰表现为全球供应链贸易。

可见，生产力全球布局是全球供应链贸易的原因，而全球供应链贸易是生产力全球布局的结果。

二　实证分析

基于本章第一节和第二节的实证分析可知钢铁生产力布局对贸易的影响。在此，同样以钢铁为例，实证分析生产力全球布局对全球供应链贸易的影响。

众所周知，“两头在外”是中国钢铁产业的显著特点。“两头在外”即指钢铁产业的上下游两个环节，即原材料生产和产成品的销售在国外，而中间在内，即指钢铁产业的中间生产环节在国内。该特征意味着，中国钢铁产业不仅需进口大量铁矿石，而且需出口大量产成品。

为何形成如此的产业特征？铁矿石生产在外，是缘于巴西、澳大利亚拥有丰富且高质量的铁矿石资源；钢铁的市场在外，是缘于欧美拥有大量的钢铁消费需求；而钢铁生产在国内，是缘于国内拥有大量的钢铁产业资本和适度技术。可见，“两头在外，生产在内”是钢铁产业生产力全球布局的结果。

至此，这一事实也印证了生产力全球布局和全球供应链贸易之间，前者是原因，后者是结果。

第五节　本章小结

本章针对全球供应链贸易和生产力全球布局的关系入手，通过历史数据的归纳和对比，结合理论分析，指出生产力全球布局是全球供应链贸易的原因，而全球供应链贸易是生产力全球布局的结果。

本章共分四节，首先引入生产布局的基本概念和基础理论，建立生产力全球布局的概念；再以钢铁产业为例，分析生产力布局的演变，及其对国际贸易产生的影响；最后深入分析，生产力全球布局和全球供应链贸易之间的关系。各部分主要内容如下：

第一节建立生产力全球布局的概念。基于生产布局的基本概念和基础理论，指出生产力全球布局，不仅是生产力布局范围的扩大，而是跨国公司基于全球化战略，依托全球供应链，在全球范围内生产力的分布和组织。且依据生产力布局的层次，生产力全球布局也可分为宏观、中观和微观三个层次。

第二节以钢铁产业为例分析生产力布局的演变。生产力布局是一个动态发展的过程，自 19 世纪以来，世界钢铁工业的生产力布局，经过三个演变阶段：第一阶段为 19 世纪初至 19 世纪末期，由英国转移至美国和德国；第二阶段为 19 世纪末至 20 世纪 70 年代，由美国转移至苏联和日本；第三阶段为 20 世纪 70 年代至今，由日美转移至新兴经济体和发展中国家。

第三节以钢铁产业为例阐述生产力布局对国际贸易的影响。生产力布局变迁的第一阶段中，由于生产力水平和工业化建设的原因，钢铁贸易不多。第二阶段中，日本和俄罗斯代替德国和美国，成为钢铁贸易的主体，符合生产力布局变迁的特征。第三阶段中，中国和韩国代替日本和俄罗斯，同样佐证了生产力布局变迁对国际贸易的影响。

第四节揭示生产力全球布局与全球供应链贸易之间的关系。本节分别从逻辑分析和实证分析两方面入手，联系“两头在外”的钢铁产业特征，指出生产力全球布局是全球供应链贸易的原因，而全球供应链贸易是生产力全球布局的结果。

第八章　全球供应链贸易发展对策

基于前面分析可知，全球供应链贸易的发展面临着贸易动因和生产力全球布局的影响。本章基于各个贸易动因和生产力全球布局，提出发展全球供应链贸易的对策，并结合钢铁产业的现状，提出发展钢铁全球供应链贸易的对策。

第一节　供应链的比较优势

一　发展全球供应链贸易

比较优势，指两国间生产同一商品的机会成本的优势。假设劳动为单一要素时，比较优势表现为劳动生产率的比较差异，即生产技术的差异。而在多要素情况下，生产技术依然是衡量比较优势高低的重要指标。

对于普通的国际贸易，两国依据各自在不同商品生产上的比较优势，开展产业间分工，进行产品间贸易。而对于全球供应链贸易，各个国家可以凭借在相同产品的不同生产环节上的比较优势，进行产品内分工，开展产品内贸易。

这一改变对于世界各国影响是巨大的。各个国家不再需要全面开发一种产品的生产技术，只需依据各自的国情发展某一环节的生产技术，嵌入供应链生产，实现产品内分工。尤其是对落后的国家来说，其技术差、底子薄，往往游离于全球分工的边缘，难以实现工业品贸易。而在产品内分工下，落后国家可以集中力量，发展某一环节的生产技术，成为全球供应链生产中的一员，实现工业品贸易。

二　发展钢铁的全球供应链贸易

依据理论和实证分析可知，供应链的比较优势不仅对钢铁的全球供应链贸易有显著影响，而且在五个贸易动因中，以连铸比为代表的比较优势影响程度最深。

1987—2010 年，生产钢材的连铸比从 12.9% 提升至 98.1%，增幅较大，同时也引致钢材产量的大幅增长。但随着各国连铸比的提高，中钢协指出，由于各国连铸比都接近 100%，提升连铸已经无法实现钢材生产技术的继续提升。

为提升钢铁生产的比较优势，发展钢铁的全球供应链贸易，还可以多个方面发展钢铁的生产技术，如冶炼技术、焊接技术、减排技术，以及循环利用技术等。例如，为契合汽车轻量化进程，2013 年 JFE 钢铁公司采用最优金属组织设计和独有的制造工艺，开发出高强度冷轧板和合金化热镀锌板，并且为了扩大高强度钢板的使用，开发出了智能点焊、脉冲点焊和单面点焊的新一代电阻点焊技术以及新型冲压成形技术，以推进钢材产品在汽车中的使用。① 再例如，为实现钢铁生产的绿色化，2013 年唐钢集团积极推进治污减排、清洁生产和环境治理，高效利用二次能源，在行业内率先关停深井水，厂区环境质量显著改善，清洁生产达到国内领先水平，绿化覆盖率由原来的 21% 提高到 50%，实现了在全球钢铁企业中吨钢占地面积最小、绿化覆盖率最大，取得了非常显著的经济效益、环境效益和社会效益。

第二节　供应链的可获得要素禀赋

一　发展全球供应链贸易

要素禀赋，即一国拥有的生产要素的数量。生产要素丰裕程度则决定着一国生产要素的价格，进而影响产品的生产成本，最终决定国际分工和国际贸易。

由于生产要素的可跨国流动性，一国的某一生产要素禀赋不再受制于本国的资源禀赋。该国可通过生产要素的进口提高本国生产要素的所有量，从而为生产提供更多的质优价廉的生产要素，进而降低产品的生产成本，并凭借着低成本的优势加入国际分工，并实现国际贸易。

因此，一国应依据国内外经济形势，力促供应链某一生产环节的要素

① 朱文英：《JFE 钢铁为汽车轻量化开发的产品和技术》，《世界钢铁》2013 年第 5 期。

充裕，实现生产环节的低成本优势，从而占据节点的生产，实现全球供应链贸易。

二　发展钢铁的全球供应链贸易

铁矿石是钢铁生产的重要原材料。由于铁矿石资源的短缺，国内钢铁产业对铁矿石进口呈高度的依赖性。并且依据第六章的实证分析同样可知，以铁矿石为代表的供应链要素禀赋，不仅对钢铁的全球供应链贸易有显著影响，而且影响程度较深。

纵观中国的钢铁产业，1987—2013 年，铁矿石的进口数量从 1090 万吨上涨到 8. 19 亿吨，进口依存度甚至接近 70%。一方面，大量的铁矿石资源，加上中国冶炼的较低的资金成本和人力成本，最终使得中国在钢材的冶炼环节具有成本优势，并借此成为全球的炼钢厂，形成“两头在外”的钢铁产业发展模式。而另一方面，随着中国铁矿石进口依存度的不断提升，铁矿石的进口价格也是不断上涨，大大挤压了钢材生产的利润。据统计，2011 年，我国进口铁矿石累计 6. 86 亿吨，平均到岸价为 163. 84 美元/吨，同比增长 28. 13%。我国钢铁行业因进口铁矿石价格上涨而多支出的 250 亿美元，约合全年钢铁行业销售总利润的 1. 9 倍。

为减少进口铁矿石的巨额支出，稳定铁矿石的进口价格，从而提升钢铁产业的国际竞争力，中国应着力解决三个主要的问题：

（1）控制铁矿石资源，保证有效供给。为此，钢铁企业应效仿日本和韩国企业，积极开展对外投资，通过参与矿业企业股权，获得权益矿[①]，并应拓宽进口渠道，打破三大公司的垄断格局，并加强本国的资源开采水平及资源利用率。

（2）提升铁矿石海运能力。中国即期租船占有较大比例，钢铁企业可以与船方签订长单，并建立共生的战略合作关系。并且中方还应建立属于自己的专业船队，实现国货国运，将钢铁公司支出内部化，变成中方船运企业的利益。

（3）参与铁矿石定价的主导。钢企应加强协作，增加产业集中度，提升话语权，建立统一的采购同盟，应积极培育国内铁矿石交易市场。虽然，北京国际矿业权交易所（北矿所）铁矿石现货交易平台的成立标志

① 权益矿，多为矿石需求企业（钢铁企业和贸易商）通过参股国外矿山生产企业股权而获得的有销售控制权的矿石。

着国内铁矿石市场有了可以参与国际竞争的现货交易平台，但就效果来看，由于多数国际大矿山并未参与交易，该交易平台在国际上认可度不高，还有待深入发展。

第三节　供应链的规模经济效应

一　发展全球供应链贸易

规模经济效应，是指由于生产规模扩大而导致的长期平均成本下降的现象，由此产生规模效益。扩大生产规模，追求规模经济效应，是企业扩张的初衷，也是产业内贸易的动因。甚至为扩大规模，国家还会制定一些战略性的贸易政策。

在产业内贸易中，虽然国家之间不具备比较优势和要素禀赋的优势，但可以通过国际贸易扩大各自产品的生产规模，从而导致生产成本的下降，实现贸易利益。而在产品内贸易中，即使不具备生产最终贸易品能力的国家，仍然可以凭借自身条件，致力于发展产品的某一生产环节，形成生产环节的规模效应，实现贸易利益。而更为重要的是，可以通过发展下游产业的出口，带动上游产品的生产，促成上游产品的规模效应，实现中间品贸易。

因此，一国不仅应依据自身条件，发展诸如设计、加工、组装、销售等供应链环节的生产规模，还可通过产业链建设带动上游产品的中间品贸易，从而获得生产环节的规模效应，并以此融入产品内国际分工，实现全球供应链贸易。

二　发展钢铁的全球供应链贸易

钢铁工业是具有显著规模经济的行业，生产规模的高低直接影响钢铁行业的单位能耗、物耗、产品质量等。但依据第六章的实证分析，可以发现企业的平均生产规模对钢材出口的贡献，在五个贸易动因中，影响较弱，仅略强于交易效率。该实证结果，与中国钢铁产业生产规模不经济的现实，是吻合的。

规模效应，是指生产规模的适度扩大，导致的成本下降，而若生产规模继续增加，又将导致规模不经济。将中国视为一个整体分析，中国钢铁生产规模巨大，但多集中在低端产品上，加之钢企数量众多，低端竞价现象严重，导致中国钢铁产业的处在“生产规模大，但规模效益小”的困境。换句话说，中国钢铁产业已处在规模不经济的阶段。1994 年，中央政府开始认定钢铁行业为重复建设的重点行业；1999 年提出压缩钢产量的目标，且 3 年内停止新批炼钢、炼铁、轧钢项目。2003 年，各部委联合制定《关于制止钢铁行业盲目投资的若干意见》，明确指出由于钢铁工业存在的盲目投资所导致的严重产能过剩问题。但钢铁产量，却从 2000 年的 1.2 亿吨，增至 2013 年的 7.8 亿吨。钢铁产能过剩导致钢铁行业态体亏损，2012 年上半年钢协会员企业利润低至历史低位，钢铁行业进入前所未有的微利时代，各大钢企为拓展利润空间，纷纷拓展业务范围，向配套工业领域扩展，甚至曝出“武钢养猪”的新闻。与之相反的是，中国还是钢材的进口大国，主要集中在高端产品上。可见，中国钢铁产业正面临着“低端无序、高端不足”的困境。

为提高钢铁生产的规模效益，抑制产能过剩和低端产品的恶性竞争问题，发展钢铁的全球供应链贸易，我国需要增加产业集中度、促进产品结构升级、加快产业链建设，分析如下：

（1）增加产业集中度。数据显示①，2007 年，欧盟、美国和日本的钢铁产业集中度 CR4 分别为 90.7%、52.9% 和 74.7%，而中国只有 19.3%，甚至到 2012 年，CR4 指标也仅有 27.1%，中国钢铁产业集中度与发达国家相去甚远。产业集中度低，既不利于资源利用率的提升，也不利于环境的保护和政府的有效管理，增加产业集中度，是提升钢铁产业规模效应的重中之重。

（2）促进产品结构升级。近年来，我国钢铁工业产品结构虽有提升，但差距依然存在，高产品附加值产品较少。一方面，我国出口还是以粗钢为主，尤其是大量中小钢厂附加值很低，而高端产品的产能很低，只有宝钢和鞍钢等少数钢厂具备生产工艺和技术。另一方面，我国对某些特殊行业的高品质、专业化的钢铁产品的需求不能得到满足，只能依赖进口。加快产品结构升级，有助于跳出产能过剩的怪圈，也有助于提高在供应链贸易中的附加值。

（3）加快产业链建设。通过国际投资与合作，我国可以在国外设立或参股工厂、开展项目建设、进行加工贸易等，在国外构筑产业链，带动

① 白江涛：《中国钢铁产能过剩问题与对策》，《云南社会科学》2013 年第 3 期。

我国钢材的出口。反观日本，2010 年在我国进口的日本钢材中，49.4% 是采用一般贸易方式，而 49.3% 是采用进料加工和来料加工贸易方式。可以说，日本钢材产品既可以凭借质量性能优势占据我国市场，又可以通过日资企业在华投资，构筑产业链，为日本钢材提供了高效的出口渠道，特别是进口的高强度汽车用板大都供应与日资关联的汽车生产企业或钢材加工企业。韩国与日本情况相似，2010 年进口的韩国钢材中，50% 是采用一般贸易方式，而 49.1% 是采用进料加工和来料加工贸易方式。日本、韩国钢铁企业在国外的这种营销模式非常值得我国钢铁企业学习和借鉴。

第四节　供应链的专业化分工和交易效率

一　发展全球供应链贸易

专业化分工，就是结合产品（或工作）和劳动者特点，将每位劳动者都安排在特定领域中，通过积累知识、发现技能从而不断提高工作效率。“古典经济学之父”亚当·斯密曾指出，劳动分工将会促进经济发展，原因有三：

(1) 通过熟练度的增加，可以发展生产者的技能。

(2) 可以节约由于工作变化而损失的时间。

(3) 有利于从事专项作业的劳动者改良工具和发明机械。

交易效率是特指一定时间内一个区域经济体中交易活动（与商业活动相联系）或业务活动（与行政活动向联系）进行的速度快慢或效率高低。最早提出交易效率概念的是著名华人新兴古典经济学家杨小凯。新兴古典经济学不仅强调运输成本的重要作用，更强调政治制度、法律规则及其对整个经济体交易效率、城市化和经济发展的影响。从运输成本、交易成本到交易效率，是一次重大的思想飞跃。

在传统国际贸易中，专业化分工指两国之间依据各自条件和特点，专业生产不同产品，获得专业化效率，进而实现贸易利益。而在全球供应链的视角下，生产一个产品可划分为若干环节，每个环节分为一道道工序，进而成为专业化的分工对象。可见，一方面，供应链的专业化分工，本质为产品内分工；另一方面，供应链的交易效率，即为供应链中各个节点的交易效率。因此，在全球供应链贸易中，各国可以进行产品内分工，获得生产环节的专业化效率，并提升生产环节的交易效率，进而实现贸易利益。

因此，一国应凭借本国地理位置、资源、制度、文化、劳动者素质等条件，开展产品内分工，获得生产环节的专业化效率，并努力降低关税和运输费用等外生交易费用，以及为减少政治风险、制度风险和道德风险等支出的内生交易费用，提升生产环节的交易效率，发展全球供应链贸易。

二　发展钢铁的全球供应链贸易

交易效率，是产品内分工下各个生产节点的润滑剂。交易效率的高低，直接决定着供应链运转的好坏。在第六章实证分析可知，交易效率是影响钢铁的全球供应链贸易的重要因素，但以单位物流成本为代表的交易效率，其贡献度在五个因素中最低。这说明，多年来，虽然钢铁产业的产品内分工不断深化，但其交易效率的提升有限，还有待于进一步的发展。

"两头在外"[①] 是中国钢铁产业的最大特点，一方面是上游原材料的进口，另一方面是下游产成品的出口，而中间生产环节发生在国内。可见，交易效率的高低，关键在于上游进口和下游出口的交易效率，下面分别加以讨论。

（一）上游铁矿石进口的交易效率

依据郭栋和黄汉林（2012）的测算，预计未来5—6年，中国的海运铁矿石贸易总损失将维持在每年500亿—600亿美元。[②] 交易效率不足，可见一斑。进口铁矿石的交易费用，主要体现为三个方面：内陆物流费用、海运物流费用和铁矿石的关税。

首先，内陆物流费用，包括矿区至离运港运港和到运港至钢厂，前者由于受制于国外的运输状况，无法操控，对于后者，我国应以铁路运输为主，加快国内物流体系的建设，减少国内物流费用，避免出现原铁道部中，为获得运输车皮，支付大量隐性费用的情况。

其次，海运物流费用，中方钢铁企业没有自备船队，常常受制于大型船东和供给方船队海运价格的操控，为此，我国不仅应与外方船企签订供

---

① 这表明钢铁产业的产品内分工情况，即供应链的专业化分工，因此，本部分不再讨论，而是聚焦在供应链的交易效率。

② 郭栋、黄汉林：《我国海运铁矿石贸易巨额损失根源及对策研究》，《国际贸易》2012年第7期。

货长单，建立长期合作的伙伴关系，并且还应建立本国的自有船队，弱化国外船方的垄断，保障铁矿石的供应。

最后，铁矿石的关税，这包含进口关税和出口关税。在进口方面，铁矿石作为一种急需的工业原材料，我国对其限制较少，已取消进口关税；[①] 而在出口方面，以印度为例的部分出口国家，为将原材料供给本国，多次上调出口关税[②]，造成我国铁矿石进口费用的上涨，对此，我国政府应加强国际沟通，深化双边合作，倡导贸易“双赢”，利用国际规则，稳定出口税费。

（二）下游钢铁产品出口的交易效率

钢铁产品出口的交易费用同样主要体现为三个方面：内陆物流费用、海运物流费用和钢材的关税。对于内陆物流费用和海运物流费用，钢材出口与铁矿石进口的情况大体一致，可以采用相似的方法应对，如加快国内物流体系建设、与船方签订长期协议等。

聚焦钢材的关税，这包含进口关税和出口关税。在我国出口方面，为降低高耗能、低附加值的钢材产品生产，国家对高附加值的钢材产品实施低出口关税政策，而对类似钢坯的产品，仍维持了25%的出口关税。[③] 同时，国家还不断调低相关产品的出口退税。国家该项贸易政策的目的是明确的，尤其对低附加值的钢材出口有一定的抑制作用。对此，企业应顺应宏观调控，加快产品结构升级，生产并出口国家鼓励的高附加值的钢材产品。

在国外进口方面，以美国为代表的部分国家，为保护国内钢铁企业，长期对进口钢材征收高额的关税和附加税[④]，极力阻碍我国的钢材出口。对此，一方面，我国政府应加强国际沟通，倡导贸易自由化，积极抵制日益抬头的贸易保护主义；另一方面，我国企业应合理利用国际贸易规则，团结一心，积极应诉，争取应有的贸易利益。

---

① 查询日期：2014年2月；商品编号：2601111000；商品名称：未烧结铁矿砂及其精矿。

② 2011年12月，印度对精炼铁矿石和块状铁矿石出口增收30%的关税。2014年1月，印度在铁矿石球团出口税上征收5%的关税。

③ 财政部：《关于2014年关税实施方案的通知》，2013年12月11日。

④ 2010年9月，美国商务部做出终裁，决定对中国产无缝钢管征收13.66%—53.65%的反补贴关税及48.99%—98.74%的反倾销关税。

第五节　企业内部和外部异质性

一　发展全球供应链贸易

由企业异质性理论可知①，在资源的配置由企业掌握且企业可以实现在全球范围内优化资源配置条件下，一国先天的要素禀赋和资源优势不再是贸易基础，贸易由企业异质性决定。一般认为，企业生产率差异是企业异质性的主要体现，另外结合第三章第二节第五部分的分析，企业异质性还表现为企业在规模、建立年份、资本密集度、所有权、人力资本、组织方式、技术选择、企业战略、市场定位等方面的差异。

在全球供应链视角下，随着产品内分工的不断深化，供应链生产方式超越了单一企业内部生产的界线，供应链企业间的协作生产方式代替了企业的单独生产方式。企业的异质性，由内部异质性，诸如企业自身的生产技术和组织方式等，扩展为内部和外部异质性，如上下游企业的生产技术和销售渠道等。

企业不仅应努力提高自身的生产技术、人力资本和组织方式等，提升企业的内部异质性。企业还需要加强供应链中的协作、提升供应链各节点的生产技术和质量以及提高供应链的管理等，提升企业外部异质性。通过企业内部和外部异质性的提升，发展全球供应链贸易。

二　发展钢铁的全球供应链贸易

钢铁行业在中国举足轻重，规模庞大，且数量众多，企业异质性差距较大。2010 年，全国共有钢铁企业 12143 家，其中有 58 家钢企入围中国企业 500 强，其营业收入占全部 500 强企业营业收入累计总额的 9.24%。另一方面，2010 年大中型钢铁企业全年利润 891 亿元，平均销售利润率仅 2.91%，甚至不及三大矿石厂商中力拓的利润。而 2011 年、2012 年和 2013 上年，企业利润更是一落千丈，分别为 875 亿元、16 亿元和 23 亿元，利润率仅有 2.4%、0.04% 和 0.13%。可见近年来，钢企全面低迷，企业异质性难以推动钢材出口，该现象也符合第六章的实证结果。

① 季剑军：《论企业的异质性》，《江汉论坛》2010 年第 4 期。

联系钢铁行业发展的环境，并结合世界钢铁动态公司对钢铁企业竞争力的评价因素，钢铁企业竞争力是企业在资源保障、生产规模、成本控制、技术创新和产业链延伸等各方面综合实力的动态体现。[①] 提升钢铁企业的异质性，可从内部和外部两方面入手，其中，生产规模、成本控制和技术创新属于内部异质性，而资源保障和产业链延伸则属于外部异质性。以下分别从内部和外部异质性，两方面展开讨论。

（一）提升钢企的内部异质性

内部异质性，即指企业自身经营的条件所体现的差异，依据世界钢铁动态公司的评价，钢企内部异质性主要涉及生产规模、管理经营和技术创新三个方面。

（1）生产规模是提高异质性的保证。我国钢铁总规模虽很大，但企业数量众多，且多为中小型企业，单一企业的规模无法与世界钢铁强企抗衡，导致钢铁行业的集中度远落后于世界其他国家。因此，应进一步提高行业整体的集中度，加快中小企业的联合重组，并加紧建设和增强与规模配套的各项提高竞争力的措施，形成有全球竞争力的大企业集团。

（2）成本控制是提高异质性的源泉。即便是具有技术、产品优势的企业也在不断加强管理，寻求降低成本的途径。而我国面临着产业集中度低、产品同质严重，市场竞争激烈，利润空间缩小的环境，加上人力成本的不断上升、资源环境约束的不断增强，企业的成本压力将不断加大，因此，成本控制将是钢铁企业发展的核心问题。

（3）技术创新是获得异质性的驱动。早期，为加快工业化进度，我国钢铁企业过于强调规模化发展和重引进轻自主创新，造成技术水平在国际上处于落后水平。对此，我国钢企应学习韩国和日本的企业，重视技术创新，积极进行钢铁生产技术的研发，从资金和机制上保证研发工作的有效开展，以获得持续的竞争能力。

（二）提升钢企的外部异质性

外部异质性，即指企业通过与外部联系所表现出的差异，依据世界钢铁动态公司的评价，钢企外部异质性主要涉及资源保障和产业链延伸两个方面。

---

① 冶金工业规划研究院：《世界钢铁企业竞争力新内涵对提升我国钢铁企业竞争力的启示》，《冶金经济与管理》2011 年第 6 期。

（1）资源保障是实现异质性的基础。钢铁产业是资源和能源密集型产业，而当前全球已经进入资源和能源高价格时代，使得资源和能源成为实现企业异质性的基础。我国钢企不像俄罗斯、印度、巴西等钢铁企业，能依靠国内丰富的资源和能源。为建立有效的资源保障体系，我国既要统筹规划，加大国内铁矿资源的勘探开发力度，整合国际矿山资源；又要提高资源利用率，扩大产出规模，发展循环经济。

（2）产业链延伸是获取异质性的关键。在全球经济低迷、钢铁产能过剩的背景下，企业生产规模和成本优势不足以获得稳定的销售市场，只有与下游企业建立战略联盟，实施协同生产，培育企业自身的战略消费者，从而赢得市场竞争。我国钢铁企业应学习日韩企业，加强与下游，诸如船舶和汽车企业的战略合作，探索双方的协同生产机制，贴合下游企业开发新产品，实现全球的产业链建设。

第六节　应对全球生产力布局

一　发展全球供应链贸易

依据第七章的分析可知，生产力全球布局是全球供应链贸易的本质，而全球供应链贸易是生产力全球布局的表现。因此，认清生产力全球布局的趋势，并结合本国自身条件适应生产力全球布局，是发展全球供应链贸易的关键。

在不考虑产品内分工时，全球生产力布局依据产业间和产业内分工，通常表现为发达国家从事资本和技术密集型产业，发展中国家从事资源和劳动密集型产业，或者，前者专注于资本和技术密集型产品，而后者专注于资源和劳动密集型产品。此时，由于培养某一产业或产品的生产，需要投入大量的财力和物力，国家只能凭借自身拥有的经济条件，诸如资源、资金、技术、劳动制度和地理位置等，定位于某产业或某产品的分工，形成综合竞争力，开展国际贸易。显然，这一分工方式，对落后地区尤为不利，容易出现比较优势陷阱、边缘化、恶性竞争等问题。

而在产品内分工时，全球生产力在某种产品的各个生产环节中进行布局，通常表现为发达国家从事资本和技术密集型的生产环节，而发展中国家从事资源和劳动密集型环节。虽然类似产业间和产业内分工的结果，但有两点区别①：（1）落后地区受自身条件所限，虽然从事低端生产环节，但可以尝试大量参与高附加值产品的劳动和资源密集型生产环节中，通过建立与上下游企业间稳定的产销关系，实现生产效益的提升。（2）由于培养生产环节竞争力的成本远低于培养产业和产品竞争力的成本，落后地区可以集中资金构筑生产环节的国际竞争力，成为全球供应链中的一个节点，切入全球生产力布局之中，发展全球供应链贸易，实现价值链的提升。

二 发展钢铁的全球供应链贸易

1996年中国粗钢产量上亿吨以来，中国产钢数量逐年增高，至2013年达到7.8亿吨，而同时中国产钢占世界比重也由1996年的18%，升至2013年的近50%。无论从钢铁生产数量，还是生产数量占全球的比重来看，中国已是遥遥领先于其他国家，被视为钢铁生产力全球布局中的核心环节。

经过三次钢铁产业的国际转移，中国已然成为全球钢铁生产力布局的核心，但生产力全球布局始终是动态变化的，如何抓住机遇，继续发展钢铁的全球供应链贸易还有待探索。依据第八章第六节第一部分的分析，在钢铁的全球生产力布局下，发展钢铁的全球供应链贸易，有两个战略目标：实现生产效益提升和价值链提升。对此，我国可分别探索两条发展全球供应链贸易的路径。

（一）提高产品质量，稳固钢铁中心地位，实现生产效益提升

近年来，钢铁的全球生产力布局基本稳定，依据表8-1可知，从2003—2012年的近十年，老牌钢铁强国欧盟（27国）和美国，世界产量份额由30%下降至15%左右；亚洲两强，日本跌至10%以下，韩国维持在近5%的水平；除俄罗斯和印度两个金砖国家产量份额稳定在9%—10%的水平；而中国，产量份额由22.9%升至46.4%。

依据表8-1还可以发现，中国作为世界钢铁中心大国的地位，正在遭受印度、俄罗斯的挑战。2010年，俄罗斯的钢产量增速超过中国0.8个百分点，而2012年，印度增速超过中国0.6个百分点，成为全球产钢增长最快的国家。对于这一现象，宝钢副总戴志浩在2010年底就表示，"全球钢铁业在经历了从美欧到日韩再到中国的三次重心转移后，第四次重心转移可能已经开始，预计未来全球钢铁业的增长区域主要在印度、巴

① 陈佳贵、黄群慧、钟宏武：《中国地区工业化进程的综合评价和特征分析》，《经济研究》2006年第6期。

西、独联体、东南亚、中东等新兴国家和地区”。

表 8 - 1　　2003—2012 年钢铁全球生产力布局的变化

年份	美国		欧盟		日本		韩国		俄罗斯		印度		中国	
	产量份额	产量变化	产量份额	产量变化	产量份额	产量变化	产量份额	产量变化	产量份额	产量变化	产量份额	产量变化	产量份额	产量变化
2003	9.7	—	19.8	—	11.4	—	4.8	—	6.3	—	3.3	—	22.9	—
2004	9.4	6.4	19.1	5.2	10.6	2.0	4.5	2.6	6.2	6.7	3.1	2.7	25.7	22.7
2005	8.3	-4.8	17.0	-3.4	9.8	-0.2	4.2	0.6	5.8	0.9	4.0	40.3	31.0	30.4
2006	7.9	3.9	16.6	6.0	9.3	3.3	3.9	1.3	5.7	7.1	4.0	8.0	33.7	18.3
2007	7.3	-0.5	15.6	1.4	8.9	3.4	3.8	6.3	5.4	2.2	4.0	8.1	36.4	16.3
2008	6.8	-6.9	14.8	-5.5	8.9	-1.2	4.0	4.1	5.1	-5.4	4.3	8.1	38.2	4.6
2009	4.7	-36.3	11.3	-29.8	7.1	-26.3	3.9	-9.4	4.9	-12.4	5.1	9.9	46.7	12.6
2010	5.3	38.3	12.1	24.0	7.2	25.2	3.9	21.3	4.4	11.5	4.5	8.6	42.1	10.7
2011	5.6	7.3	11.7	2.8	7.0	-1.8	4.4	16.3	4.5	2.9	4.8	6.7	44.3	7.1
2012	5.7	2.7	10.9	-5.1	6.9	-0.3	4.5	0.8	4.6	2.3	5.0	5.4	46.4	4.8

注：产量份额为各国生产数量占全球生产数量的份额。

不同于中国与发达国家钢铁产业在产品结构上的差异，作为最大的竞争对手，中国与印度的钢铁产品结构类似，都集中在低端产品上，竞争激烈。马建峰和宋珍（2013）指出①，依据钢铁国际市场占有率和贸易竞争力指数分析，中国钢铁出口的增加在低端产品上代替了印度的出口，且中国和印度在钢铁出口方面互为最大竞争对手。

产业升级是循序渐进的，短期内难以提升钢材的产品结构。因此，为稳固钢铁中心地位，在维持低端钢材生产的同时，提高产品质量是一条可行之路，应着眼于减少钢材的能耗、降低“三度”排放量、提升焊接工艺、提高钢材的强度，或者提升钢材的韧性等，从而获得低端产品的国际竞争力，提升低端产品的生产效益。

（二）升级产品结构，生产高端钢铁产品，实现价值链提升

作为世界第一大产钢国，中国钢铁产能已经直逼 10 亿吨大关，2012

① 马建峰、宋珍：《中国钢铁出口竞争力及产品结构变化》，《中国管理信息化》2013 年第 12 期。

年，在国内外市场不景气的大环境下，钢铁业的产能利用率只有 74%，行业过剩严重，产业发展艰难。尽管如此，我国每年仍需从国外进口 1000 万吨以上的钢材，主要用来满足高端市场需求。以 2012 年为例，进口钢材 1366 万吨，板带材仍是进口量最大的品种，占比超过 85%。其中，附加值较高的镀层板、冷轧薄板带、中厚宽带钢和电工钢板的进口量排在前四位。

高端钢材大量进口和低端钢材出口占主体的情况，反映出目前我国钢铁企业大多在中低端产品上重复投资，钢铁产品结构失衡严重。这不仅阻碍了战略性新兴产业及部分传统产业升级的用钢需要，还致使钢铁产业长期在价值链低端徘徊。毫无疑问，我国钢铁产业正面临着“高端不足”的窘境。

对此，我国钢铁企业应提高核心技术的掌握程度，跳出主要依靠引进和模仿获取先进生产技术和新工艺的路子，大力发展高强度钢材、耐腐蚀钢材和节能高效钢材，满足建筑、机械、能源、化工、汽车、家电、船舶、交通、铁路、军工以及新兴产业等国民经济用钢行业发展不断提高的新需要。钢铁业应在创新机制、研发投入、基础与应用研究、产品开发上狠下功夫，破解“瓶颈”因素，加快技术进步，升级产品结构，提升高端产品的国际竞争力，实现进口替代，促成钢铁产业的价值链提升。

第七节 本章小结

本章共分六节，分别基于供应链的比较优势、供应链的可获得要素禀赋、供应链的规模经济效应、供应链的专业化分工和交易效率、企业内部和外部异质性，以及应对全球生产力布局等视角，提出发展全球供应链贸易的建议，并结合钢铁产业的发展现状，提出发展钢铁全球供应链贸易的对策。各部分主要内容如下：

第一节分析供应链的比较优势。在产品内分工下，各个国家不再需要全面的开发一种产品的生产技术，只需依据各自的国情，发展某一环节的生产技术，嵌入供应链生产，实现全球供应链贸易。对于钢铁产业，应大力发展生产技术，如冶炼技术、焊接技术、减排技术以及循环利用技术等，提升供应链的比较优势，发展钢铁的全球供应链贸易。

第二节分析供应链的可获得要素禀赋。由于生产要素的可跨国流动性，一国可通过生产要素的进口提高本国生产要素的所有量，从而为生产提供更多的质优价廉的生产要素，进而降低产品的生产成本，并凭借着低成本的优势，加入国际分工，并实现国际贸易。为提升钢铁产业的国际竞争力，我国应控制铁矿石资源，保证有效供给，提升铁矿石海运能力、并参与铁矿石定价的主导。

第三节分析供应链的规模经济效应。在产品内贸易中，一国不仅应依据自身条件，发展供应链环节的生产规模，还可通过产业链建设，带动上游产品的中间品贸易，从而获得生产环节的规模效应，并以此融入产品内国际分工，实现全球供应链贸易。为提高钢铁生产的规模效益，抑制产能过剩和低端产品的恶性竞争问题，发展钢铁的全球供应链贸易，我国需要增加产业集中度、促进产品结构升级、加快产业链建设。

第四节分析供应链的专业化分工和交易效率。在全球供应链贸易中，各国可以进行产品内分工，获得生产环节的专业化效率，并提升生产环节的交易效率，进而实现贸易利益。针对“两头在外”的钢铁产业特点，我国应努力在内陆物流费用、海运物流费用和进出口税费三个方面，提升上游进口和下游出口的交易效率，发展全球供应链贸易。

第五节分析企业内部和外部异质性。随着供应链企业间的协作生产方式代替了企业的单独生产方式，企业的外部异质性逐渐显现，成为影响贸易的关键因素。钢铁企业应在生产规模、成本控制、技术创新方面强化企业的内部异质性，在资源保障和产业链延伸方面强化企业的外部异质性。

第六节应对全球生产力布局。生产力全球布局是全球供应链贸易的本质，而全球供应链贸易是生产力全球布局的表现。在钢铁全球生产力布局下，发展钢铁的全球供应链贸易有两个战略目标：实现生产效益提升和价值链提升。对此，我国一方面应提高产品质量，稳固钢铁中心地位，实现生产效益提升；另一方面应升级产品结构，生产高端钢铁产品，实现价值链提升。

第九章 结论和后续研究

本书研究已接近尾声，在总结之前，笔者想先对文章开篇提出的几个问题做出回答。

在第一章第二节中，文章指出，在全球供应链的视角下，古典贸易理论、新古典贸易理论和新贸易理论难以解释中国成为钢铁贸易大国的原因。而通过之后的分析可知：（1）在产品内贸易背景下，基于产业间贸易的古典国际贸易理论，应当将其贸易动因从产品间的比较优势扩展为产品内的比较优势，即供应链的比较优势，从而解释“两头在外”的钢铁贸易；（2）在经济全球化时代，基于要素不可跨国流动的新古典理论，应当将其贸易动因从一国自有的要素禀赋，扩展为一国可获得的要素禀赋，从而揭示贸易大国破解资源短缺的途径；（3）在产品内分工背景下，出口规模不仅包含产品本身的出口，还包含中间品贸易，这可部分解释钢铁生产规模与出口规模存在的差距。

接下来，本章将围绕本书的理论成果、对策建议、不足之处以及后续研究四个方面，进行阐述。

第一节 理论成果

随着全球经济形势的变化，贸易实践也是不断发展的，而国际贸易理论则是对贸易实践的解释。在经济全球化和产品内分工下，全球供应链贸易的比重越来越大，本书揭示主流国际贸易理论的局限及其原因，基于国际贸易理论的分析框架，建立全球供应链贸易理论及其模型，并指出生产力全球布局对其的影响。

本书研究的理论成果主要包括以下几个方面：

一 全球供应链贸易的基本概念和比较优势

全球供应链贸易，是指在全球经济一体化背景下，各个实施战略全球化的企业依据产品内国际分工原则，通过全球供应链的运转，实现商品或服务在具有独立关税制度的国家或地区之间的交换活动。与通常国际贸易相比，全球供应链贸易中参与贸易的主体不同、参与贸易的条件不同、参与贸易的客体不同。全球供应链贸易可区分为三种组织方式：企业集团型、企业联盟型和生产外包型。全球供应链贸易，将单个企业从资源的约束中解放出来，从而创造出基于供应链的比较优势，表现为：降低交易成本、降低库存成本、提高物流效率、提高技术收益和提升消费者主权。并且，中国的钢铁贸易，是一种全球供应链贸易。

二　主流国际贸易理论的局限及其原因

在全球供应链贸易的视角下，主流贸易理论的局限源于假设前提所受到的冲击，分别是：产品内分工、要素跨国流动、供应链出口以及交易成本变化。它们对主流贸易理论的冲击可表述为：（1）产品内分工下，各主流贸易理论的贸易动因可扩展为生产环节的比较优势、生产环节的要素禀赋、生产环节的规模经济效应、生产环节的专业化分工和交易效率、生产环节的异质性。（2）要素跨国流动时，国家要素禀赋可以改变，获得的要素总量不再局限于国内初始要素量，并且商品要素密集度可逆转，商品也不再固定为某种要素密集型。（3）供应链出口下，产品出口包含最终产品和中间品出口，产品出口规模的计算范围需扩大；并且企业间协作生产代替单独生产，企业异质性应包含内部和外部两个层面。（4）随着贸易自由化和运输效率的提升，以及企业间的供应链协作生产，全球供应链贸易的交易成本大幅下降，国际贸易成本可能低于国内贸易。

三　国际贸易理论的分析框架

从18世纪的古典贸易理论至21世纪的新新贸易理论，国际贸易纯理论的发展始终遵循着大致相同的研究方式：贸易动因、贸易结构和贸易结果。这三方面犹如事情的起因、经过和结果一般，层层递进。因此，无论是分析已有国际贸易理论，还是研究国际贸易理论的新发展，都可以遵循贸易动因、贸易结构和贸易结果的三问题分析框架。而本质上，贸易实践的不断发展，就是国际贸易纯理论的演进逻辑。因此，随着全球供应链贸易的出现和扩展，国际贸易纯理论有待于进一步的发展。

四　全球供应链贸易理论及其模型

基于全球供应链的国际贸易理论可表述为：在经济全球化背景下，一国可凭借包括供应链的比较优势、供应链的要素禀赋差异、供应链的规模经济效应、供应链的专业化分工和交易效率以及企业内部和外部异质性等多种动因，参与全球供应链分工，形成商品在供应链内的国际流动，并实现参与节点的高劳动生产率替代低劳动生产率、廉价生产要素替代昂贵生产要素、出口规模提升导致边际成本递减、交易效率改进降低交易费用和专业化提升生产效率以及平均生产率提高和资源的优化配置，最终获得出口产业的生产力提升。

另一方面，本书从基本前提、关键假设、以及解释变量和被解释变量三个方面，构建全球供应链贸易模型，并引入钢铁贸易的数据，进行实证分析和参数检验。实证检验结论如下：（1）全球供应链贸易模型通过实证检验，符号与预期一致，模型成立，即说明理论逻辑的正确；（2）贸易动因对供应链贸易的解释力度，强于对最终产品的解释；（3）技术与铁矿石资源是影响钢铁供应链出口的主要因素，而供应链的劳动生产率、企业的平均生产规模和供应链的交易成本的影响较弱，且依次降低。

五　生产力全球布局对全球供应链贸易的影响

生产力布局是一个动态发展过程，以钢铁工业为例，19 世纪以来，世界钢铁工业的生产力布局经过三个演变阶段：第一阶段为 19 世纪初至 19 世纪末期，由英国转移至美国和德国；第二阶段为 19 世纪末至 70 年代，由美国转移至苏联和日本；第三阶段为 70 年代至今，由日美转移至新兴经济体和发展中国家。

生产力布局的演变对钢铁贸易的影响表现为：生产力布局变迁的第一阶段，由于生产力水平和工业化建设的原因，钢铁贸易不多。第二阶段，日本和俄罗斯代替德国和美国，成为钢铁贸易的主体，符合生产力布局变迁的特征。第三阶段，中国和韩国代替日本和俄罗斯，同样佐证了生产力布局变迁对国际贸易的影响。可见，生产力全球布局是全球供应链贸易的本质，而全球供应链贸易是生产力全球布局的表现。

第二节　对策建议

全球供应链贸易的发展，面临着贸易动因和生产力全球布局的影响。本书基于各个贸易动因和生产力全球布局，提出发展全球供应链贸易的对策，并结合钢铁产业的现状，提出发展钢铁全球供应链贸易的对策。主要对策建议为：

一 发展供应链的比较优势

在产品内分工下，各个国家不再需要全面的开发一种产品的生产技术，只需依据各自的国情，发展某一环节的生产技术，嵌入供应链生产，实现全球供应链贸易。对于钢铁产业，应大力发展生产技术，如冶炼技术、焊接技术、减排技术，以及循环利用技术等，提升供应链的比较优势，发展钢铁的全球供应链贸易。

二 扩大供应链的可获得要素禀赋

由于生产要素的可跨国流动性，一国可通过生产要素的进口，提高本国生产要素的所有量，从而为生产提供更多的质优价廉的生产要素，进而降低产品的生产成本，并凭借低成本优势，加入国际分工，并实现国际贸易。为提升钢铁产业的国际竞争力，我国应控制铁矿石资源，保证有效供给、提升铁矿石海运能力，并参与铁矿石定价的主导。

三 提高供应链的规模经济效应

在产品内贸易中，一国不仅应依据自身条件发展供应链环节的生产规模，还可通过产业链建设带动上游产品的中间品贸易，从而获得生产环节的规模效应，并以此融入产品内国际分工，实现全球供应链贸易。为提高钢铁生产的规模效应，抑制产能过剩和低端产品的恶性竞争，发展钢铁的全球供应链贸易，我国需要增加产业集中度、促进产品结构升级、加快产业链建设。

四 提升供应链的专业化分工和交易效率

在全球供应链贸易中，各国可以进行产品内分工，获得生产环节的专业化效率，并提升生产环节的交易效率，进而实现贸易利益。针对“两头在外”的钢铁产业特点，我国应努力在内陆物流费用、海运物流费用和进出口税费三个方面提升上游进口和下游出口的交易效率，发展全球供应链贸易。

五 强化企业内部和外部异质性

随着供应链企业间的协作生产方式代替企业的单独生产方式，企业的外部异质性逐渐显现，成为影响贸易的关键因素。钢铁企业应在生产规模、成本控制、技术创新方面强化企业的内部异质性，在资源保障和产业链延伸方面强化企业的外部异质性。

六　应对全球生产力布局

生产力全球布局是全球供应链贸易的本质，而全球供应链贸易是生产力全球布局的表现。在钢铁的全球生产力布局下，发展钢铁的全球供应链贸易，有两个战略目标：实现生产效益提升和价值链提升。对此，我国一方面应提高产品质量，稳固钢铁中心地位，实现生产效益提升；另一方面应升级产品结构，生产高端钢铁产品，实现价值链提升。

第三节　不足之处

目前，全球供应链贸易的研究处在一个蓬勃发展的阶段。本书仅结合中国钢铁的全球供应链贸易，从经典国际贸易理论的视角进行分析，虽有一定研究成果，但尚有一些问题有待于进一步讨论。总结起来，本书的不足之处包括以下几个方面：

一　理论研究的不足

受限于研究的能力和时间，本书对贸易动因的研究，仅限于在全球供应链的视角下，对经典贸易理论的扩展，而并未讨论其他可能的贸易动因。另外，本书分析了生产力全球布局对全球供应链的影响，且指出二者是本质和表现的关系，但并未对生产力全球布局原因与发展趋势，进行深入分析。

二　实证研究的不足

为衡量中间品贸易，本书实证研究工作，主要基于投入产出表展开，受限于中国投入产出表的数量，所使用数据的时间跨度仅能达到计量分析的基本要求，实证结果的精确度有待提高。另外，本书仅结合中国钢铁产业开展实证分析，实证样本单一，实证结果的说服力有待于加强。

三　政策建议的局限

对于发展全球供应链贸易的建议，尤其是发展钢铁的全球供应链贸易的建议，本书主要是建立在理论研究与实证研究的基础上，结合中国钢铁产业发展现状而提出的。但笔者并未从事与钢铁产业相关的工作，建议的可操作性和全面性还有待实践检验。

第四节　后续研究

本书对全球供应链贸易的贸易动因、贸易结构和贸易结果进行了分析，在经典国际贸易理论基础上提出全球供应链贸易理论及其理论模型，并结合中国钢铁产业的全球供应链贸易进行实证，最后提出了相应的对策建议。而关于全球供应链贸易的研究，是一个具有广阔探索空间的课题，需要在理论研究和实证研究的层面上，做进一步的探索，具体体现为以下几个方面：

一　增加变量数据的时间跨度

由于中国投入产出的统计工作开展时期较短，笔者仅可获得1987—2010年的中国投入产出分析表。对此虽有遗憾，但随着投入产出统计工作的持续展开，数据将逐渐充裕，这是提升实证研究的可行途径。

二　增加国内外研究样本

本书仅依据中国的钢铁产业，开展实证分析，研究样本单一。为提升实证研究的应用范围与意义，可以将实证研究对象拓宽到日本、德国、韩国等钢铁业发达的国家，还可以选取其他具有全球供应链贸易的产业。

三　加入对其他贸易动因的研究

经济事务千变万化，基于经典贸易理论衍生的贸易动因虽有一定说服力，但定然难以解释不同国家、不同产业的全球供应链贸易。对此，应密切关注全球供应链贸易的变化，考虑其他贸易动因，完善全球供应链贸易理论。

四　进一步研究生产力全球布局及其对贸易的影响

通过本书的研究，得知生产力全球布局与全球供应链贸易之间的关系。但本书仅研究生产力全球布局下，全球供应链贸易的发展，而企业如何安排生产力全球布局，通过全球供应链贸易，实现生产成本最小化？这还有待于进一步的研究。

附录1　1987年21个部门投入产出表的第一象限及出口额

部门	01	02	03	04	05	06	07	08	09	10	11	12	13	14	15	16	17	18	19	20	21	中间使用合计	出口额	总产出
01	6884800	27991	104046	8179033	2751943	447615	719704	119594	1239384	71267	23354	23134	4869	25273	633	563	28766	732	1139748	26	94	21792570	1779536	46757000
02	24086	288965	21856	31134	25757	2463	59897	726084	229094	346249	633767	76503	11997	17628	2976	1320	11538	42812	153162	8191	1015	2716499	199505	3334556
03	230383	115425	1940624	44383	29950	7631	223772	1960121	914716	464342	1175297	173326	38511	58747	12015	3913	34875	823472	531316	163518	2834	8949168	1491818	9347313
04	1813020	5713	5532	2232418	15133	142018	19316	24629	535471	11365	18718	13351	3412	11073	2048	1099	2140	2851	1165194	7563	169	6032234	586231	18469760
05	103048	23618	45438	42381	6201762	1492154	672816	142651	642385	128642	193846	117294	30774	31754	11411	4560	122617	41909	519500	16526	3252	10588340	2155096	16620690
06	17899	22120	29276	9792	23378	364244	47443	117890	56501	39582	64380	64292	14770	15884	6760	3249	22761	32579	143852	5125	1722	1103501	2443559	4657651
07	106213	40926	38643	303477	48150	45046	1835909	708361	291430	517499	192556	245642	38160	179449	46385	15666	55282	80660	1888496	15629	23296	6716873	697522	8796825
08	194395	185280	220772	69473	103573	9027	137035	185367	589506	490193	607445	207875	35873	59705	21065	6375	38605	64428	371784	8237	1161	3607172	2749515	28248749
09	3199268	132941	247842	231372	1303453	200999	665506	706549	5263516	516876	495407	690299	302514	649867	253801	40232	178892	227867	1712899	27816	2881	17050790	831889	18161240
10	31307	50898	83538	165603	8996	2426	44353	5504445	164659	586463	356973	152994	48144	155738	77959	13218	33529	26151	584068	5772	4217	8101449	163400	8002523
11	100048	172849	183460	93168	30102	40021	459058	4503010	346017	457930	4681578	2141086	444318	1230922	162840	73870	222535	68617	522799	12085	4879	15951188	871344	15705612
12	189115	185425	337178	37566	129914	8781	92413	1156807	247860	247205	592603	2836105	434296	315248	46613	39695	161518	57277	449126	10710	2952	7578404	100497	13986020
13	56056	14801	52910	3989	3967	1218	11377	190244	20269	35328	67483	130376	900801	9389	3917	1826	189589	312764	230193	132411	3915	2372822	72953	4011614

续表

部门	01	02	03	04	05	06	07	08	09	10	11	12	13	14	15	16	17	18	19	20	21	中间使用合计	出口额	总产出
14	14135	66082	61480	12628	19950	3905	35176	786576	75639	87325	157592	749400	120933	759176	175314	38547	71275	35846	238033	7266	1511	3517789	125063	5959155
15	634	4604	7819	776	1543	338	11139	31520	8354	5869	19819	81418	23901	47706	1594865	60142	11311	23752	215949	5347	1605	2158411	187222	3889555
16	2342	11873	38177	2921	3450	236	6783	107203	48510	16371	49689	96872	20343	63071	23858	74996	19398	11180	180524	2944	333	781077	61415	788387
17	63037	17952	18029	14566	16878	79307	50633	184728	37135	54024	115065	58525	11993	32796	13688	5352	149066	50812	286083	3275	1108	1264052	162284	2455994
18	460519	46672	166547	841697	216894	41063	117535	664632	282903	133510	261449	173796	53867	67925	22734	6152	30891	47685	658858	13722	46441	4355492	429903	6820622
19	892107	131322	273303	1032366	1098062	334206	522566	1095000	980723	355098	681382	712555	191750	328809	212752	38310	138415	518383	2599628	132999	108050	12377785	534866	34329808
20	55914	6273	10305	13412	15973	6415	15311	23956	25675	15355	16323	33042	7158	10705	6726	2795	5822	13293	412216	3224	12837	712728	689333	1526478
21	298365	28665	44145	249795	312685	90817	134869	83062	274539	142452	218392	287692	75331	128380	92417	20278	40962	36178	2036626	4598	59038	4659286	366627	4758787
STII	14736690	1580396	3930918	13611950	12361520	3319929	5882610	19022431	12274290	4722945	10623116	9065576	2813716	4199244	2790776	452160	1569786	2519248	16040051	586986	283311	142387600	16699574	256628300

注：01：农业；02：煤炭采选业、炼焦、煤气及煤制品业；03：石油和天然气开采业、石油加工业、金属矿采选业、其他非金属矿采选业；04：食品制造业；05：纺织业；06：缝纫及皮革制品业；07：木材加工及家具制造业、造纸及文教用品制造业；08：建筑业、电力及蒸汽、热水生产和供应业；09：化学工业；10：建筑材料及其他非金属矿物制品业；11：金属冶炼及压延加工业、金属制品业；12：机械工业；13：交通运输设备制造业；14：电气机械及器材制造业；15：电子及通信设备制造业；16：仪器仪表及其他计量器具制造业；17：机械设备修理业、其他工业；18：货运邮电业；19：商业、饮食业、公用事业及居民服务业、文教卫生科研事业、行政机关；20：旅客运输业；21：金融保险业；STII：中间投入合计。

附录2 1990年21个部门投入产出表的第一象限及出口额

部门	01	02	03	04	05	06	07	08	09	10	11	12	13	14	15	16	17	18	19	20	21	中间使用合计	出口额	总产出
01	13701340	101424	347743	13943200	5254535	981333	1557807	168296	2923100	196774	64539	47300	10485	50750	1418	1746	104119	2983	1708980	84	193	41168140	3159102	76620000
02	28915	457540	39653	39743	43727	4993	103416	1319612	416782	450852	1122862	160151	25232	34316	6466	3846	30521	100229	217211	42718	1868	4650651	360890	6512205
03	372646	207437	3269870	58615	54926	19221	316025	2710371	2083882	844718	2284791	349211	82948	118932	27033	12140	93179	1389109	724451	389238	4512	15413253	2142396	15599488
04	2972350	17186	15763	2801911	26306	287204	37558	34589	939938	26712	46414	24766	6642	20058	4184	3078	6250	8777	1594191	22761	354	8896993	923018	29553080
05	172536	76357	133236	54321	11009350	3081704	1339421	187527	1151596	308739	490849	222238	61162	58751	23809	13045	402458	110388	730122	37765	6275	19671650	3345522	27888570
06	26069	61555	75749	10921	36103	654429	78802	128880	88111	82640	141847	105971	25536	25563	12270	8085	59876	92618	207292	12561	3545	1938422	5049592	8899754
07	151333	85993	80032	345562	75354	82074	3208051	781340	462163	1067440	408717	399571	64680	291836	85155	38842	140443	290300	2763445	44324	47131	10913785	1755694	15202667
08	297247	290359	453122	100712	191227	23687	303526	339364	1629000	707517	1095037	401705	72718	112661	44827	18600	95783	112183	541568	25279	2254	6858375	5556750	37684121
09	5015750	404845	714540	277700	2166641	388715	1228953	785600	8835434	1161547	1174766	1224688	563011	1125831	495856	107762	493412	789738	2522423	81172	5861	29564240	1782940	32829760
10	68365	198059	289341	309743	18855	5831	101992	8363396	352257	1776627	1087570	343228	113755	343138	191965	44902	93225	108995	902208	15177	8211	14736840	629048	15766280
11	158619	446176	362998	112569	46955	82932	794629	5171520	1244216	1160684	8038469	3042721	691576	1993322	358663	224027	626134	373914	790766	47134	10128	25778145	2036758	28141819
12	262340	502484	775589	39893	191071	15026	148255	1145141	368141	491536	1243593	4452068	715164	483225	80576	94084	245688	165141	688954	28806	5857	12142630	385746	20885180
13	80795	40596	130386	4403	6062	2166	18535	197588	31285	72990	147141	212655	1541305	14954	7036	4497	282917	974621	270769	288754	5519	4334974	120456	6654541

续表

部门	01	02	03	04	05	06	07	08	09	10	11	12	13	14	15	16	17	18	19	20	21	中间使用合计	出口额	总产出
14	22211	202884	164924	15188	33236	7571	64047	923419	127251	196677	374565	1332475	225567	1318102	343274	103482	145907	110360	342262	17572	2991	6073965	582682	9618230
15	883	12496	19185	827	2278	581	18650	40245	12467	11723	41775	128386	39535	73455	2769481	143187	24930	72419	305868	16121	3155	3737648	830764	6802888
16	2353	22320	71542	2246	3673	292	7945	97610	52160	23565	75486	110082	24252	69986	29856	128673	29640	18613	263800	8002	683	1042777	266724	1697700
17	155622	89477	74733	30137	48601	276684	166013	342235	105860	209619	470707	177785	38064	100333	46807	25372	876549	304488	504871	39819	1988	4085763	751416	5933545
18	1142655	187783	665062	1789012	516354	112251	312253	1411448	687753	459631	904240	443045	144628	170067	63617	23752	112576	309859	1088341	42816	91839	10678980	1033914	15350000
19	1090938	269864	448850	971010	1203114	407029	628370	1184970	1089895	548495	916115	829549	227637	374417	260620	71784	238273	768808	4182302	360769	201543	16274352	704094	49103600
20	219168	24380	34436	53042	46576	10817	32970	65976	54573	40237	35915	70723	13747	22773	12417	10567	16511	22584	992880	20912	38084	1839288	1060204	3690900
21	330255	55596	103606	397835	409251	173426	227581	142745	476913	289272	362369	417827	119292	191629	159067	43691	120142	44947	2833695	6786	90739	6996667	1442604	7700000
	26272390	3754810	8270361	21358590	21384190	6617965	10694799	25541871	23132770	10127990	20527765	14496150	4806935	6994100	5024396	1125161	4238535	6171073	24176397	1548570	532728	246797500	33920314	422134300

注：01：农业；02：煤炭采选业、炼焦、煤气及煤制品业；03：石油和天然气开采业、石油加工业、金属矿采选业、其他非金属矿采选业；04：食品制造业；05：纺织业；06：缝纫及皮革制品业；07：木材加工及家具制造业、造纸及文教用品制造业；08：建筑业、电力及蒸汽、热水生产和供应业；09：化学工业；10：建筑材料及其他非金属矿物制品业；11：金属冶炼及压延加工业、金属制品业；12：机械工业；13：交通运输设备制造业；14：电气机械及器材制造业；15：电子及通信设备制造业；16：仪器仪表及其他计量器具制造业；17：机械设备修理业、其他工业；18：货运邮电业；19：商业、饮食业、公用事业及居民服务业、文教卫生科研事业、行政机关；20：旅客运输业；21：金融保险业；中间投入合计。

附录3　1987年和1990年投入产出表中33个部门的具体名称

部门编号	部门名称	部门编号	部门名称
1	农业	18	机械工业
2	煤炭采选业	19	交通运输设备制造业
3	石油和天然气开采业	20	电气机械及器材制造业
4	金属矿采选业	21	电子及通信设备制造业
5	其他非金属矿采选业	22	仪器仪表及其他计量器具制造业
6	食品制造业	23	机械设备修理业
7	纺织业	24	其他工业
8	缝纫及皮革制品业	25	建筑业
9	木材加工及家具制造业	26	货运邮电业
10	造纸及文教用品制造业	27	商业
11	电力及蒸汽、热水生产和供应业	28	饮食业
12	石油加工业	29	旅客运输业
13	炼焦、煤气及煤制品业	30	公用事业及居民服务业
14	化学工业	31	文教卫生科研事业
15	建筑材料及其他非金属矿物制品业	32	金融保险业
16	金属冶炼及压延加工业	33	行政机关
17	金属制品业		

附录4 1992年21个部门投入产出表的第一象限及出口额

部门	01	02	03	04	05	06	07	08	9	10	11	12	13	14	15	16	17	18	19	20	21	TIU	EX	GO
1	12653608	31853	19426	136958	17708664	5537438	1030075	181786	1517727	185848	2270292	248318	26147	41937	7090	1029	486911	2158	2483532	348	3698	44574843	3923086.44	90847123
2	600518	5813230	62512	192466	311554	267562	50708	86629	123537	3112902	1757925	1479140	1736789	529463	102284	13769	141022	2323089	1944612	902092	133771	21685574	2587450. 32	23444132
3	286	0	307117	0	0	0	0	0	0	85298	89572	0	2097881	89766	6475	0	45138	321	4610	0	0	2726464	56248. 92	2301982
4	132146	253694	9122	291359	103536	49969	20060	237357	130660	1908330	784382	821825	430957	195182	28139	3634	46712	107319	777511	13927	19383	6365204	454403. 04	6392870
5	3167727	7179	584	985	4089952	10240	400855	2677	17623	12147	938663	12787	7371	14732	9950	683	9828	10874	5400831	15536	4947	14136171	1894816. 56	40633438
6	214407	61386	13892	106394	171885	13999541	5384137	266675	1822996	224387	1464133	421458	331741	266641	73392	10823	601044	126088	696515	25131	30593	26313259	13582459. 8	37990820
7	12230	32952	6471	13392	26550	37010	760782	50935	45215	134931	90889	82608	78498	71089	30581	4718	69509	66850	340761	10456	28530	1994957	4443113. 22	15137942
8	146336	29924	4019	10472	23998	9285	4834	793655	79085	1073503	41623	90879	54776	195557	43632	9766	48048	64267	703150	10357	152673	3589839	647414. 04	4867359
9	111959	44323	4967	20292	825966	167304	152249	67592	3214827	133228	615211	1104735	154103	490576	35665	19959	170712	176392	3429362	33988	871998	11845408	289516. 5	17641584
10	204648	800359	170673	508994	340844	402123	24725	101791	323116	675577	1754479	1590860	1702987	918221	48287	3753	72924	258281	3035451	33307	394155	13365555	3067220. 52	63810230
11	7157285	502207	146385	435098	1166052	3535223	942680	386717	1319373	1331079	14977212	1525483	814722	3161780	949503	65310	829743	704735	4232835	208009	156342	44547773	3282289. 92	48565126
12	536772	528673	52404	255154	446244	69670	18075	54853	123507	11072433	654259	2481283	1054469	1301832	276959	74344	154111	244286	2815738	49539	417466	22682071	716898	25355455
13	587334	781485	93629	231956	518462	147491	181582	538768	731402	8919397	1051300	1365966	15732572	11662965	1540995	193021	669777	319105	2193822	71700	205357	47738086	2509694. 46	46015497

续表

部门	01	02	03	04	05	06	07	08	9	10	11	12	13	14	15	16	17	18	19	20	21	TIU	EX	GO
14	1107025	1583802	152879	544537	560158	850400	100570	107354	412728	4416851	1238613	1178996	1880762	17871166	2214739	391294	375482	905294	3650891	210943	666371	40420855	6364951.32	66702779
15	152538	154420	26689	73980	52019	36245	14056	13346	17456	435383	112336	191567	153560	977964	3704825	11441	112261	1260082	2506926	765153	316001	11088248	1214866.38	15414263
16	23386	158593	3009	14579	32215	20479	1929	1736	16854	211153	152769	40347	97198	420319	68131	199325	44344	34680	296126	10537	13781	1861490	1284350.34	2015447
17	87250	193739	22956	30362	286186	176390	445252	72804	284729	502086	297661	329506	613332	669027	71554	20482	1026217	120081	2356333	9163	192078	7807188	554217.3	7860284
18	969112	577747	48144	145811	512064	288729	162346	88654	244429	1928884	866550	616170	803790	842191	184149	22963	135904	223499	7820527	76372	559376	17117411	981598.8	19871723
19	3124497	1716184	172178	417032	2109577	3462302	1855539	463519	2087023	5496742	3836291	2220243	3712039	6092244	1410608	192584	766699	1272668	14466121	462748	3516635	58853473	1942242.12	125849096
20	49384	38022	4906	15753	60291	45880	22521	9967	25337	120205	88534	54585	46581	118317	15274	5530	12149	52705	1748582	24801	180508	2739832	2176612.62	6790800
21	1282535	414708	74389	124998	845024	1051325	354964	107769	340834	690239	1952567	705058	2033573	2633135	474056	88713	173276	362287	2544874	156774	332137	16743235	3085418.7	17131819
TII	32320983	13724480	1396351	3570572	30191241	30164606	11927939	3634584	12878458	42670603	35035261	16561814	33563848	48564104	11296288	1333141	5991811	8635061	63449110	3090881	8195800	418196936	55058869	684639769

注：01：农业；02：煤炭采选业、石油和天然气开采业、石油加工业、炼焦、煤气及煤制品业；03：金属矿采选业；04：其他非金属矿采选业；05：食品制造业；06：纺织业；07：缝纫及皮革制品业；08：木材加工及家具制造业 09：造纸及文教用品制造业 10：电力及蒸汽、热水生产和供应业、建筑业；11：化学工业；12：建筑材料及其他非金属矿物制品业；13：金属冶炼及压延加工业、金属制品业；14：机械工业、电气机械及器材制造业、电子及通信设备制造业、机械设备修理业；15：交通运输设备制造业；16：仪器仪表及其他计量器具制造业；17：其他工业；18：货运邮电业；19：商业、饮食业、公用事业及居民服务业、文教卫生科研事业、行政机关；20：旅客运输业；21：金融保险业；中间投入合计。

附录5 1995年21个部门投入产出表的第一象限及出口额

部门	01	02	03	04	05	06	07	08	09	10	11	12	13	14	15	16	17	18	19	20	21	TIU	EX	GO
1	35055370	67984	98786	566719	43119020	12166630	3163923	777112	3781539	578550	5384611	749748	129605	117416	24353	2459	313466	4682	4560217	431	4915	110667537	7201902	203410000
2	1857386	11920665	223413	415765	656427	452141	166310	320269	291193	8354908	5094197	3355124	4702443	1349893	240250	25639	59689	6099770	4093196	1371166	197038	51246881	4452753	54797959
3	1045	0	817147	0	0	0	0	0	0	316346	253116	0	6771387	308297	26499	0	34623	828	12832	0	0	8542120	102717	7435442
4	359431	534853	41192	997216	133962	112689	54750	859324	289265	5280648	2376251	2292054	618571	521237	85892	7718	31766	206882	1290081	15358	22895	16132035	1057237	18781020
5	10256660	24735	3135	4301	12469160	27482	1302293	12104	46442	40110	2354739	40836	33204	47632	36152	1724	6692	24952	9476570	20398	6956	36236277	4247319	107169300
6	640074	177120	68888	368885	280455	31711260	20944030	1111774	4429667	690339	4999347	1240999	1336226	847761	201129	19261	377360	266769	1271239	30421	39663	71052669	29961718	79748260
7	56039	131384	49263	82949	66496	140613	8563388	182678	131262	629888	316273	373382	508749	310852	157284	16889	42223	217118	907351	19432	56780	12960291	11526050	56882200
8	533581	93104	13260	51612	47829	29013	17683	2639319	465286	3980637	112513	247184	269334	684156	133066	27813	26014	166077	1452579	15310	241764	11247134	1792960	15820360
9	314080	119464	23149	76950	1266442	338157	428549	209689	12405420	381671	2148454	2821459	381782	1478859	112275	43735	100715	350707	6032548	38665	1062374	30135147	925291	43464330
10	614504	1859182	560165	1122518	1168926	840516	168540	228605	644167	2066688	2920997	5013364	3760349	2008729	248669	20413	54569	410552	5062916	30251	424025	29228645	8127193	163357950
11	14364410	1641031	455717	875207	4171392	8482026	3598829	920552	2734873	3498277	46622220	3328592	2114485	9409726	2958752	48263	622021	1321898	7952054	223249	179701	115523273	10607440	120853100
12	1325958	1355964	215036	851979	602491	142686	44800	189217	248323	27818026	1252172	7375767	2961582	3404287	767784	143441	80062	427674	4276837	49623	447858	53981564	2223871	62209690

续表

部门	01	02	03	04	05	06	07	08	9	10	11	12	13	14	15	16	17	18	19	20	21	TIU	EX	GO
13	1602423	1624839	312567	697699	864279	320675	514265	1539888	1518150	24471957	3213707	3861973	38635230	24509097	4170602	344508	340137	610763	3384766	78263	243287	112859073	10087173	115046800
14	2692824	3740998	589324	1760784	789087	1600808	242019	348132	816407	11179695	2271563	2783438	6232198	49844966	5729970	871961	205978	2387451	7431571	505188	926171	102950535	23104712	159308928
15	411411	430886	119578	269708	76681	81048	38038	50266	38321	1196257	234742	509611	582072	1922039	11213920	24102	63675	2408662	3933336	836906	370148	24811408	3437272	40506990
16	54566	452567	11662	45981	41086	39616	4518	5655	32008	504313	276175	92855	328599	1038897	178406	363303	21760	57347	496003	9970	13965	4069250	3927475	3579386
17	59424	101725	25973	27950	106531	99602	304273	69243	157837	348207	157069	221349	583161	463417	54690	10896	146989	57962	798954	2530	56813	3854595	1463095	3997615
18	2794565	2376790	230615	568352	807056	690285	469721	357000	573687	5672452	1936012	1752502	3301560	2437590	595930	51720	82418	456757	11438120	89308	700522	37382960	3615983	42837510
19	7504046	4838455	666566	1269607	2657667	6014558	4016965	1382494	3603321	11885753	6463153	4787335	10838356	13342909	3377227	335941	353097	2030755	22121261	478687	3935780	111903932	5069057	231793490
20	172590	127228	28484	74419	115168	132936	78972	48644	72070	428409	239737	188150	224136	414332	59906	15094	8929	130550	3396639	35147	273976	6265516	7290423	9864910
21	1157335	210861	69955	171897	1018050	1069683	628384	251890	453109	894085	1160611	668398	988659	2157383	361454	57503	41200	255298	7865161	236542	200174	19917632	4335004	24584000
TII	81827721	31829835	4623876	10300497	70458204	64492423	44750249	11503854	32732347	110217216	89787659	41704119	85301687	116619475	30734209	2432384	3013382	17893454	107254232	4086845	9404805	970968474	144556645	1565449240

注：01：农业；02：煤炭采选业、石油和天然气开采业、石油加工业、炼焦、煤气及煤制品业；03：金属矿采选业；04：其他非金属矿采选业；05：食品制造业；06：纺织业；07：缝纫及皮革制品业；08：木材加工及家具制造业；09：造纸及文教用品制造业；10：电力及蒸汽、热水生产和供应业、建筑业；11：化学工业；12：建筑材料及其他非金属矿物制品业；13：金属冶炼及压延加工业、金属制品业；14：机械工业、电气机械及器材制造业、电子及通信设备制造业、机械设备修理业；15：交通运输设备制造业；16：仪器仪表及其他计量器具制造业；17：其他工业；18：货运邮电业；19：商业、饮食业、公用事业及居民服务业、文教卫生科研事业、行政机关；20：旅客运输业；21：金融保险业；中间投入合计。

附录6　1992年和1995年HS分类中的19类具体名称

类别	具体内容
第一类	活动物；动物产品
第二类	植物产品
第三类	动、植物油、脂及其分解产品；精制的食用油脂；动、植物蜡
第四类	食品；饮料、酒及醋；烟草、烟草及烟草代用品的制品
第五类	矿产品
第六类	化学工业及其相关工业的产品
第七类	塑料及其制品；橡胶及其制品
第八类	生皮、皮革、毛皮及其制品；鞍具及挽具；旅行用品、手提包及类似容器；动物肠线（蚕胶丝除外）制品
第九类	木及木制品；木炭；软木及软木制品；稻草、秸秆、针茅或其他编结材料制品；篮筐及柳条编织品
第十类	木浆及其他纤维状纤维素浆；纸及纸板的废碎品；纸、纸板及其制品
第十一类	纺织原料及纺织制品
第十二类	鞋、帽、伞、杖、鞭及其零件；已加工的羽毛及其制品；人造花；人发制品
第十三类	石料、石膏、水泥、石棉、云母及类似材料的制品；陶瓷产品；玻璃及其制品
第十四类	天然或养殖珍珠、宝石或半宝石、贵金属、包贵金属及其制品；仿首饰；硬币
第十五类	贱金属及其制品
第十六类	机器、机械器具、电气设备及其零件；录音机及放声机、电视图像、声音的录制和重放设备及其零件、附件
第十七类	车辆、航空器、船舶及有关运输设备
第十八类	光学、照相、电影、计量、检验、医疗或外科用仪器及设备、精密仪器及设备；钟表；乐器；上述物品的零件、附件
第十九类	其他

参考文献

[1] 阿尔弗雷德·韦伯：《工业区位论》，商务印书馆 1997 年版。

[2] 巴格瓦蒂、潘那加里亚、施瑞尼瓦桑：《高级国际贸易学》，王根蓓译，上海财经大学出版社 2004 年版。

[3] 白江涛：《中国钢铁产能过剩问题与对策》，《云南社会科学》2013 年第 3 期。

[4] 白永秀、赵勇：《企业同质性假设、异质性假设与企业性质》，《财经科学》2005 年第 1 期。

[5] 保罗·克鲁格曼：《战略性贸易政策与新国际经济学》，海闻等译，中国人民大学出版社 2000 年版。

[6] 包小忠：《跨国公司全球供应链的构建与离岸服务外包的区域分布》，《管理现代化》2009 年第 2 期。

[7] 蔡洪滨：《企业不愿做内贸根在交易成本高》，《中国青年报》2011 年 9 月 26 日第 3 版。

[8] 蔡小勇：《垂直专业化、产品内贸易与中国经济发展》，博士学位论文，华中科技大学，2006 年。

[9] 陈佳贵、黄群慧、钟宏武：《中国地区工业化进程的综合评价和特征分析》，《经济研究》2006 年第 6 期。

[10] 财政部：《关于 2014 年关税实施方案的通知》，2013 年 12 月 11 日。

[11] 曹和平：《产能与价值，我们选择谁?》，《电子外贸》2005 年第 1 期。

[12] 陈建斌：《克鲁格曼为代表的国际贸易新理论评述》，《上海经济研究》2004 年第 12 期。

[13] 陈同仇、薛荣久：《国际贸易》，对外经济贸易大学出版社 1997 年版。

[14] 陈英：《国际贸易类型与国际贸易理论研究评述》，《学术论坛》

2010 年第 11 期。
[15] 陈玉:《我国成为 21 世纪世界制造业中心的策略研究》, 硕士学位论文, 南京理工大学, 2004 年。
[16] 丹尼斯·阿普尔亚德、艾尔佛雷德·菲尔德:《国际经济学》, 机械工业出版社 2000 年版。
[17] 道格拉斯·诺斯、罗伯斯·托马斯:《西方世界的兴起》, 华夏出版社 1988 年版。
[18] 邓翔、路征:《新新贸易理论的思想脉络及其发展》,《财经科学》2010 年第 1 期。
[19] 丁凯:《国际贸易理论发展综述》,《经济纵横》2004 年第 9 期。
[20] 杜江:《计量经济学及其应用》, 机械工业出版社 2010 年版。
[21] 杜肯堂: 《区域经济管理学》, 高等教育出版社 2004 年版, 第 198 页。
[22] 杜立辉:《2000—2009 年中国钢铁产业布局变化及国际比较》,《冶金经济与管理》2010 年第 5 期。
[23] 杜慕群:《资源、能力、外部环境、战略与竞争优势的整合研究》,《管理世界》2003 年第 10 期。
[24] 郭栋、黄汉林:《我国海运铁矿石贸易巨额损失根源及对策研究》,《国际贸易》2012 年第 7 期。
[25] 郭羽诞、兰宜生:《国际贸易学》, 上海财经大学出版社 2008 年版, 第 27 页。
[26] 海闻、林德特、王新奎:《国际贸易》, 上海人民出版社 2003 年版。
[27] 贺东伟:《关于区域经济学研究对象的文献综述》, 《美中经济评论》2007 年第 1 期。
[28] 洪银兴:《从比较优势到竞争优势——兼论国际贸易的比较利益理论的缺陷》,《经济研究》1997 年第 6 期。
[29] 胡昭玲:《国际垂直专业化分工与贸易: 研究综述》,《南开经济研究》2006 年第 5 期。
[30] 胡永刚:《贸易模式论》, 上海财经大学出版社 1999 年版。
[31] 黄泰岩、李鹏飞:《模块化生产网络对产业组织理论的影响》,《经济理论与经济管理》2008 年第 3 期。
[32] 季剑军:《论企业的异质性》,《江汉论坛》2010 年第 4 期。

[33] 贾恩卡洛·甘道尔夫：《国际贸易理论与政策》，王根蓓译，上海财经大学出版社 2005 年版。

[34] 贾平：《供应链管理》，清华大学出版社 2011 年版。

[35] 金芳：《全球化经营与当代国际分工》，上海人民出版社 2006 年版。

[36] 克鲁格曼：《战略性贸易政策与新国际经济学》，中国人民出大学版社 2000 年版。

[37] 寇亚明：《全球供应链：国际经济合作新格局》，中国经济出版社 2005 年版。

[38] 李春顶：《新新贸易理论文献综述》，《世界经济文汇》2010 年第 1 期。

[39] 李建祥：《钢铁工业三级供应链协调生产计划研究》，《计算机集成制造系统》2005 年第 3 期。

[40] 廖明球：《投入产出及其扩展分析》，首都经济贸易大学出版社 2009 年版。

[41] 林季红：《跨国公司全球生产网络与中国产业的技术进步》，《厦门大学学报》（哲学社会科学版）2006 年第 6 期。

[42] 刘刚：《企业的异质性假设——对企业性质和行为基础的演化论解释》，《中国社会科学》2002 年第 2 期。

[43] 刘刚：《供应链管理：交易费用与决策优化研究》，经济科学出版社 2005 年版，第 1 页。

[44] 刘元春：《交易效率分析框架的政治经济学批判》，经济科学出版社 2001 年版。

[45] 刘志彪：《中国贸易量增长与本土产业的升级——基于全球价值链的治理视角》，《学术月刊》2007 年第 5 期。

[46] 罗纳德·哈里·科斯：《企业、市场与法律》，上海三联书店 1990 年版。

[47] 罗璞、李斌：《再论比较优势、绝对优势与 DFS 模型》，《当代经济科学》2004 年第 11 期。

[48] 卢峰：《产品内分工》，《经济学》2004 年第 1 期。

[49] 马汉武、程才：《我国老工业基地融入全球供应链的对策研究》，《工业技术经济》2007 年第 9 期。

[50] 马建峰、宋珍：《中国钢铁出口竞争力及产品结构变化》，《中国管

理信息化》2013 年第 12 期。

[51] 马士华、林勇、陈志祥：《供应链管理》，机械工业出版社 2000 年版。

[52] 迈克尔·波特：《竞争优势》，陈小悦译，华夏出版社 1997 年版。

[53] 迈可尔·迪屈奇：《交易成本经济学》，经济科学出版社 1999 年版。

[54] 涅克拉索夫：《区域经济学》，东方出版社 1987 年版。

[55] 诺斯、戴维斯：《制度变迁与美国经济增长》，上海人民出版社 1996 年版。

[56] 彭徽：《国际贸易理论的演进逻辑：贸易动因、贸易结构和贸易结果》，《国际贸易问题》2012 年第 2 期。

[57] 彭徽、徐春祥：《基于铁矿石进口代理制的思考》，《资源与产业》2010 第 3 期。

[58] 卜国琴、刘德学：《新兴古典经济学与全球生产网络的兴起》，《江苏商论》2006 年第 4 期。

[59] 普特曼、克罗茨纳：《企业的经济性质》，孙经纬译，上海财经大学出版社 2009 年版。

[60] 戎梅：《我国单位物流成本对国际贸易的影响》，《商业经济》2011 年第 1 期。

[61] 萨尔瓦多：《国际经济学》，杨冰译，清华大学出版社 2011 年版。

[62] 盛洪：《分工与交易：一个一般及其对中国非专业化问题的应用分析》，上海人民出版社 1994 年版。

[63] 盛晓白：《简评竞争优势理论》，《国际贸易问题》1998 年第 9 期。

[64] 孙军、王先柱：《要素流动的层次演进与区域协调发展》，《云南财经大学学报》2010 第 2 期。

[65] 孙艳琳：《西方新新贸易理论的特点及其实践意义》，《武汉理工大学学报》2009 年第 10 期。

[66] 佟家栋：《国际贸易理论的发展及其阶段划分》，《世界经济文汇》2000 年第 1 期。

[67] 佟家栋、周申：《国际贸易学——理论与政策》，高等教育出版社 2007 年版。

[68] 托马斯·A. 普格尔、彼得·H. 林德特：《国际经济学》，经济科学出版社 2001 年版。

[69] 王光龙：《论经济要素流动：结构、原则、效应与演进》，《江海学刊》2011 年第 4 期。

[70] 王建军：《产业链整合与企业提升竞争优势研究》，《经济经纬》2007 年第 5 期。

[71] 沃尔特·克里斯塔勒：《德国南部中心地原理》，常正文等译，商务印书馆 1998 年版。

[72] 奥古斯特·勒施：《经济空间秩序》，王守礼译，商务印书馆 2010 年版。

[73] 吴易风：《英国古典经济理论》，商务印书馆 1988 年版。

[74] 熊伟：《新国家竞争优势论：当今国际贸易的理论基础》，《财经理论与实践》2004 年第 3 期。

[75] 徐燕雯、滕玉华：《供应链下的国际贸易流通模式》，《企业改革与管理》2004 年第 10 期。

[76] 杨小凯、张永生：《新贸易理论、比较利益理论及其经验研究的新成果：文献综述》，《经济学》2001 年第 1 期。

[77] 姚立新：《国际贸易理论发展的逻辑》，《国际贸易问题》2000 年第 8 期。

[78] 冶金部情报标准研究总所：《国外钢铁统计（1978—1987）》，冶金工业出版社 1989 年版。

[79] 冶金工业部情报标准研究总所技术经济研究室：《国内外钢铁统计》(1949—1979)，冶金工业出版社 1981 年版。

[80] 冶金工业规划研究院：《世界钢铁企业竞争力新内涵对提升我国钢铁企业竞争力的启示》，《冶金经济与管理》2011 年第 6 期。

[81] 约翰·冯·杜能：《孤立国同农业和国民经济的关系》，吴衡康译，商务印书馆 1997 年版。

[82] 约翰·伊特韦尔等：《新帕尔格雷夫经济学大辞典》，经济科学出版社 1996 年版。

[83] 张二震：《国际贸易分工理论演变与发展评述》，《人大报刊复印资料》2003 年第 8 期。

[84] 张二震、马野青：《国际贸易学》，南京大学出版社 2003 年版。

[85] 张定胜、杨小凯：《具有内生比较优势的李嘉图模型和贸易政策分析》，《世界经济文汇》2003 年第 1 期。

[86] 张恒喜等:《小样本多元数据分析方法及应用》,西北工业大学出版社 2002 年版。

[87] 张辉:《全球价值链理论与我国产业发展研究》,《中国工业经济》2004 年第 5 期。

[88] 张纪:《产品内国际分工中的收益分配——基于笔记本电脑商品链的分析》,《中国工业经济》2006 年第 7 期。

[89] 张杰、刘志彪、郑江淮:《产业链定位、分工与集聚如何影响企业创新——基于江苏省制造业企业问卷调查的实证研究明》,《中国工业经济》2007 年第 7 期。

[90] 张维迎:《国内贸易为何比国际贸易交易成本还高》,《人民日报》(海外版) 2009 年 12 月 24 日第 3 版。

[91] 张幼文:《要素流动与全球经济失衡的历史影响》,《国际经济评论》2006 年第 3 期。

[92] 赵爱清:《国际贸易理论发展的内在逻辑及方向》,《当代财经》2005 年第 6 期。

[93] 赵梅:《国际贸易理论演变的逻辑分析》,硕士学位论文,云南大学,2010 年。

[94] 赵曙明:《企业竞争力已上升为供应链竞争》,《化工管理》2011 年第 8 期。

[95] 中国钢铁工业协会:《中国钢铁工业年鉴》(1987—2011),中国冶金出版社,1987—2011 年版。

[96] 《中国统计年鉴》(1981—2013),中国统计出版社 1981—2013 年版。

[97] 钟祖昌、谭秋梅:《全球供应链管理与外贸企业核心竞争力构建》,《国际经贸探索》2007 年第 1 期。

[98] 周梅妮:《李嘉图国际贸易理论的新兴古典分析》,《国际贸易问题》2005 年第 8 期。

[99] 周晓艳、黄永明:《全球价值链下产业升级的微观机理分析——以台湾地区 PC 产业为例》,《中南财经政法大学学报》2008 年第 2 期。

[100] 朱廷珺:《当代国际贸易理论创新的若干特征》,《国际贸易问题》2004 年第 2 期。

[101] 朱文英：《JFE 钢铁为汽车轻量化开发的产品和技术》，《世界钢铁》2013 年第 5 期。

[102] 朱钟棣、郭羽诞、兰宜生：《国际贸易学》，上海财经大学出版社 2005 年版。

[103] 邹全胜：《要素演进与开放收益》，博士学位论文，上海社会科学院，2007 年。

[104] Antras, P., "Firms, Contracts and Trade Structure", *The Quarterly Journal of Economics*, No. 11, 2003, pp. 1375 - 1418.

[105] Antras, P. and Helpman, E., "Global Sourcing", *Journal of Political Economy*, Vol. 112, No. 3, 2004.

[106] Arndt, Seven W., "Globalization and the Open Economy", *North American Journal of Economics and Finance*, Vol. 8, No. 1, 1997.

[107] Barney, "Firm resources and sustainable competitive advantage", *Journal of Management*, Vol. 17, No. 1, 1991.

[108] Barney, J. B., "Strategic Factor Market Expectation", *Luck and Business Strategy Mangements Science*, No. 32, 1986, pp. 1231 - 1241.

[109] Bernard, "Plants and Productivity in International Trade", *American Economic Review*, Vol. 93, No. 4, 2003.

[110] Bernard and Jensen, "Exceptional Exporter Performance: Cause, Effect or Both?", *Journal of International Economics*, Vol. 47, No. 1, 1999.

[111] Bernard, Jensen and Schott, "Trade Costs, Firms and Productivity", *Journal of Monetary Economics*, No. 53, 2006, pp. 917 - 937.

[112] Brander, J. and Krugman, P., "A Reciprocal Dunping Model of International Trade", *Journal of International Economics*, No. 15, 1983, pp. 313 - 321.

[113] Christopher Martin, "Logistics and Supply Chain Management: Strategies for Reducing Cost and Improving Service", *International Journal of Logistics Research and Applications*, Vol. 2, No. 1, 1999.

[114] Collis, "A Resources—based Analysis of Global Competition: The Case of the Bearing Industry", *Strategic Management Journal*, No. 12, 1991, pp. 49 - 68.

[115] Deardorff, A. V., "Fragmentation in Simple Trade Model", *North American Journal of Economics and Finance*, Vol. 12, No. 2, 2001.

[116] Dixit, A. and Norman, V., *Theory of International Trade*, Cambridge: Cambridge University Press, 1980.

[117] Dixit, A. and Stiglitz, J., "Monopolistic Competition and Optimum Product Diversity", *American Economic Review*, Vol. 67, No. 5, 1977.

[118] Eaton, J., Kortum, S. and Kramarz, F., "Dissecting Trade: Firms, Industries and Export Destinations", *American Economic Review*, Vol. 94, No. 8, 2004.

[119] Egger, Peter and Hartmut, "International Outsourcing and the Productivity of Low-skilled Labor in the EU", *Economic Inquiry*, Vol. 44, No. 3, 2006.

[120] Feenstra, Robert C. and Gordon, H., "Globalization, Outsourcing and Wage Inequality", *American Economic Review*, Vol. 86, No. 1, 1996.

[121] Fors and Gunnar, "Utilization of R&D Results in the Home and Foreign Plants of Multinationals", *Journal of Industrial Economics*, Vol. 45, No. 11, 1996.

[122] Frieder Lemp, "The Logical Structure of International Trade Theory", *Erkenntnis*, Vol. 69, No. 2, 2008.

[123] Fukao and Kyoji, "Vertical Intra-Industry Trade and Foreign Direct Investment in East Asia", *Journal of the Japanese and International Economies*, No. 17, 2003, pp. 468-506.

[124] Ghironi, F. and Melitz, M. J., "International Trade and Macroeconomic Dynamics with Heterogeneous Firms", *Quarterly Journal of Economics*, Vol. 120, No. 3, 2005.

[125] Girma, S., Greenaway, D. and Kneller, R., "Does Exporting Increase Productivity? A Micro-econometric Analysis of Matched Firms", *Review of International Economics*, No. 12, 2004, pp. 855-866.

[126] Grossman, "Trading Tasks: A Simple Theory of Offshoring", *American Economic Review*, Vol. 98, No. 5, 2008.

[127] Hall, H., "The financing of innovative firms", *European Investment*

Bank Papers, Vol. 14, No. 2, 2009.

[128] Harhoff, D., "R&D and productivity in german manufacturing firms", *Econ Innovat New Tech*, Vol. 6, No. 1, 1998.

[129] Head, Keith and John Ries, "Offshore Production and Skill Upgrading by Japanese Manufacturing Firms", *Journal of International Economics*, No. 8, 2002, pp. 81 – 105.

[130] Heckscher, F., "The Effect of Foreign Trade on the Distribution of Income", *Ekonomisk Tidskrift*, Vol. 21, No. 2, 1919.

[131] Helg, Rodolfo and Lucia Tajoli, "Patterns of International Fragmentation of Production and the Relative Demand for Labor", *North American Journal of Economics and Finance*, No. 16, 2005, pp. 233 – 254.

[132] Helleiner, G. K., "Manufactured Exports From Less – developed Countries and Multinational Firms", *The Economic Jounal*, Vol. 329, No. 83, 1973.

[133] Helpman, E., "Trade, FDI, and the Organization of Firms", *Journal of Economic Literature*, Vol. 44, No. 3, 2006.

[134] Helpman, E., Melitz, M. J. and Yeaple, S. R., "Export Versus FDI with Heterogeneous Firms", *American Economic Review*, Vol. 94, No. 1, 2004.

[135] Hijzen, Tomohiko Inui and Yasuyuki Todo, "Does Offshoring Pay? Firm – Level Evidence from Japan", *Economic Inquiry*, No. 48, 2010, pp. 880 – 895.

[136] Hijzen, Alexander, "International Outsourcing, Technological Change and Wage Inequality", *Review of International Economics*, No. 15, 2006, pp. 188 – 205.

[137] Hijzen, Alexander, Holger Görg and Robert, C., "International Outsourcing and the Skill Structure of Labour Demand in the United Kingdom", *Economic Journal*, No. 115, 2005, p. 860 – 878.

[138] Hummels, D., Jun Ishii and Kei – Mu Yi, "The Nature and Growth of Vertical Specialization in World Trade", *Journal of International Economics*, No. 54, 2001, pp. 75 – 96.

[139] Jones, Charles I., "Sources of U. S. Economic Growth in a World of I-

deas", *American Economic Review*, No. 92, 2002, pp. 220 – 239.

[140] Jones, Ronald W., "Key international trade theorems and large shocks", *International Review of Economics & Finance*, Vol. 17, No. 1, 2008.

[141] Jyrki Ali – Yrkkö, "Who Captures Value in Global Supply Chains? Case Nokia N95 Smartphone", *J Ind Compet Trade*, No. 11, 2011, pp. 263 – 278.

[142] Kiminori Matsuyama, "Agricultural productivity, comparative advantage, and economic growth", *Journal of Economic Theory*, No. 3, 1995, pp. 317 – 334.

[143] Krishna Kala, "Advanced international trade: theory and evidence", *Journal of International Economics*, Vol. 66, No. 2, 2005.

[144] Krugman Paul, "Increasing Returns, Monopolistic Competition and International Trade", *Journal of International Economics*, Vol. 9, No. 4, 1979.

[145] Krugman Paul, "Increasing returns and economic geography", *Journal of Political Eeonomy*, No. 99, 1991, pp. 483 – 499.

[146] Krugman Paul, "Competitiveness: A Dangerous Obsession", *Foreign Affairs*, Vol. 73, No. 2, 1994.

[147] Kyle, "Shifting Comparative Advantage and Accession in the WTO", *Yale DePartment of Eeonomics*, No. 7, 2001, pp. 97 – 99.

[148] Langlois, N. and Roberton, P., *Firms, Markets and Economic Change*, London: Routledge, 1995, pp. 132 – 149.

[149] Leontief, "Domestic Production and Foreign Trade: The American Capital position Re – Examined", *Proceedings of the Amerecan Philosophical Society*, Vol. 94, No. 4, 1953.

[150] Linden, G. and Kraemer, K., "Who captures value in a global innovation network? The case of Apple' s iPod", *Commun ACM*, Vol. 52, No. 3, 2009.

[151] Melitz, M. J., "The Impact of Trade on Intra – Industry Reallocations and Aggregate Industry Productivity", *Econometrica*, Vol. 71, No. 6, 2003.

[152] Ohlin, Bertil G., *Interregional and International Trade*, Cambredge: Harvard University Press, 1933, pp. 243 - 269.

[153] Pavcnik, N., "Trade Liberalization, Exit, and Productivity Improvements: Evidence from Chilean plants", *Review of Economic Studies*, Vol. 69, No. 1, 2002.

[154] Praharad and Hamel, "The core competence of the corporation", *Harvard Business Review*, No. 6, 1990, pp. 79 - 91.

[155] Ricardo David, *The Principle of Political Economy and Taxation*, London: Gaernsey Press, 1817, pp. 173 - 198.

[156] Samuelson, Paul A., "International Tade and the Equalization of Factor prices", *Economic Journal*, Vol. 230, No. 58, 1948.

[157] Samuelson, Paul A., "International Faetor price Equalization Once Again", *Economic Journal*, Vol. 156, No. 62, 1949.

[158] Schankerman, M., "The effects of double - counting and expensing on the measured returns to R&D", *Rev Econ Stat*, Vol. 63, No. 3, 1981.

[159] Smith Adam, *An Inquiry into the Nature and Causes of the Wealth of Nations*, Chicago: University of Chicago Press, 1776, pp. 365 - 377.

[160] Teece and Shuen, "Dynamic capabilities and strategic management", *Strategic Management Journal*, No. 18, 1997.

[161] Tybout, J. R., *Plant - Level and Firm - Level Evidence on "New Trade Theories"*, Oxford: Basil Blackwell, 2003, pp. 109 - 132.

[162] Vernon Raymond, "International Investment and International Trade in the Product Cyele", *Quarterly Journal of Eeonomics*, No. 5, 1966.

[163] Yeaple, S. R., "Firm Heterogeneity, International Trade and Wages", *Journal of International Economics*, Vol. 65, No. 1, 2005.

[164] Zingales, "In search of new foundations", *The Journal of Finance*, Vol. 55, No. 4, 2000.

后　记

国际贸易是驱动经济的“三驾马车”之一，而对于对外依存度较高的中国来说，其地位更为显要。现阶段，随着世界各国间国际经贸合作的广泛开展和双边、多边贸易体制的不断完善，经济一体化程度不断加深；并且随着生产复杂化和生产精细度的提高，生产模块化发展迅速，导致国际分工由产业间分工和产业内分工转向产品内分工。改革开放以来，中国经济与科技得到长足发展，其在全球供应链中参与程度不断加深，致使基于全球供应链的国际贸易的重要性愈发凸显，值得深入研究。

本书以辽宁省教育厅科学研究项目“发展中间品贸易缓解辽宁钢铁过剩产能研究——基于产品内分工的视角”，以及辽宁省社会科学规划基金青年项目“当前辽宁与朝鲜经贸合作问题研究”为依托，首先，在经济全球化和产品内分工背景下，围绕全球供应链贸易的现象，分析经典贸易理论在全球供应链视角下的理论局限，并从产品内分工、要素跨国流动、供应链出口和交易成本变化四个方面，揭示国际贸易理论局限的成因。其次，基于全球供应链的视角，依据国际贸易理论的分析框架，提出基于全球供应链的国际贸易理论及其模型，并以钢铁贸易为例进行实证检验；更进一步指出，生产力全球布局是全球供应链贸易的原因，而全球供应链贸易是生产力全球布局的结果。最后，对全球供应链贸易理论和钢铁的全球供应链贸易做出总结，并提出相应的对策建议，期望能对中国的全球供应链贸易提供科学的理论指导和政策决策参考。

本书是以中国银行首席经济学家曹远征教授指导的笔者博士论文为基础，由曹远征教授、迟福林教授、殷仲义教授、江金启博士参与讨论和加工整理而成。感谢常修泽教授、孙立平教授、巴曙松教授、张占斌教授的帮助与指导；感谢东北大学工商管理学院李凯教授、樊治平教授、郁培丽教授在本书撰写中提出的很多宝贵意见；感谢沈阳理工大学经济管理学院赵维双院长、耿乃国书记、徐春祥教授对本书撰写给予了大量的帮助和支持。借此机会，还要感谢我的好友刘旭东教授、朱丽颖副教授、江金启博士给我的帮助和支持。最后特别要感谢我的家人，感谢他们对我的理解与支持。由于时间和水平有限，不妥之处在所难免，恳请广大读者对本书提出宝贵的批评和修改意见。

彭　徽

2014 年 10 月 16 日于沈阳